GUILLERMO ABADÍA MORALES

A B C
DEL FOLKLORE
COLOMBIANO

PANAMERICANA
EDITORIAL

Editor
Panamericana Editorial Ltda.

Dirección Editorial
Alberto Ramírez Santos

Edición
Alberto Ramírez Santos

Diagramación
Gráficas Ámbar

Diseño de Carátula
Diego Martínez Celis

Ilustraciones interiores
Claudia García Ochoa

Fotografías
Daniel Valencia "Amos"
Abdú Eljaiek (foto página 203 y primera solapa, cedida por Guillermo Abadía)

Mapas
Melba de León

Grabados
Riou, Delort, Neuville, Soriuy, Maillart y Clerget

Los editores agradecen la valiosa colaboración de la señora Lucía de Francisco Zea y del Museo de Artes y Tradiciones Populares.

Primera edición en Panamericana Editorial Ltda., marzo de 1995
Séptima edición, enero de 2000

Impreso por Panamericana Formas e Impresos S. A.
Calle 65 No. 94-72, Tels.: 4302110 - 4300355, Fax: (57 1) 2763008
Quien sólo actúa como impresor.

Impreso en Colombia   Printed in Colombia

CONTENIDO

Dibujo de Riou.

Prólogo

*P*arece salido de una leyenda que relataban nuestros ancianos en las
veladas familiares, remojadas con un humeante chocolate de chucula,
y matizadas por las notas de un ingenuo requinto.

Más aún, es el abuelo ideal de todos nosotros, un fantástico abuelo con
el alma de niño que ahora nos invita a recorrer un territorio más maravilloso
que los que hemos contemplado en todas las historias de donde surgen
nuestros héroes reales o ficticios.

Antiguamente, en alguna revista publicaban la sección "Mi personaje
inolvidable". Este abuelo de todos nosotros es para mí, mi personaje inolvidable. No importa los años que tenga, su mirada inteligente y picarona
siempre se enfoca hacia adelante. Tras los anteojos colgados del cordoncillo
que nerviosamente acomoda en sus orejas, unos ojos inquisitivos y francos
siguen recorriendo el mundo con el mismo asombro y la intensa curiosidad
de los años de su infancia a comienzos de siglo. Muchísimo tiempo antes de
que se impusiera la moda de la informalidad y el desparpajo, su vestimenta
descuidadamente elegante hacía dudar si era antropólogo, filósofo, sociólo-
go, "músico, poeta o loco". Su figura alta y grácil recorre las calles y las
trochas, los senderos y los campos abriéndose paso con la varita mágica de
su bastón, que representa más un toque de coquetería que una necesidad.
Su cabeza protegida por la cachucha se descubre amablemente con el saludo
cachaco del interior del país, haciendo juego con la única prenda desactua-
lizada que todavía conserva: su chaleco.

Como toda persona que verdaderamente vale, Guillermo Abadía Morales es sencillo y campechano, es juguetón e informal, y sabe que la vida no
hay que tomarla demasiado en serio.

El maestro Abadía es la demostración palpable de que para ser un
hombre intelectual y estudioso no necesita mostrarse trascendental, ni vivir

con el ceño adusto, ni enconcharse en una muralla que lo separe del resto de los hombres. No, Guillermo Abadía Morales ama la humanidad y ríe con ella, canta con ella, sueña con ella.

Abadía se metió en este campo del folklore por casualidad, pues su intención era ser médico, otra forma de conocer a los hombres. De niño solía asistir al "club campesino" o chichería en Sopó, Cundinamarca. En este mesón se sentaba una vieja campesina de pañolón, saya vieja y alpargatas. En la cintura llevaba un lazo amarrado con un par de alpargatas de repuesto para el vehículo que eran sus pies. Después de "tanquear" o alimentarse con tamal y un jarro de chicha, comenzaba a repartir el correo, un correo hablado, porque ni ella ni muchos de los presentes sabían leer ni escribir. El niño Guillermo Abadía Morales, de seis años, escapado de misa, escuchaba boquiabierto los mensajes y razones que esta mujer llevaba y traía de pueblo en pueblo, y que después registró en el *Correo de las brujas**.

Abadía era juicioso y aplicado. Pero ya de adolescente fue bohemio para angustia de su madre. "Mijito va a terminar tuberculoso, ya se quedó en eso, no va ha salir de ahí". Hizo cinco años de bohemia, como él mismo dice. Pero un buen día abandonó súbitamente la bohemia, pues decidió con sus más asiduos compañeros terminar esa vida. Había salido publicado *El viaje a pie* del filósofo antioqueño Fernando González, y los tres amigos decidieron hacer un viaje a pie, pero de curación. Sin plata se fueron a Mariquita tan sólo con lo del bus. De ahí siguieron a pie a Palo Cabildo, al Líbano, Risaralda, Caldas hasta Sonsón de Antioquia. El tiempo no era problema. El joven Abadía tiró su reloj en el Alto de Manzanares al monte. Las botas se habían quedado en el río Guarinó, donde se tomaron los últimos tragos y quemaron el último cigarrillo. Al mes y medio llegaron a Bogotá completamente curados de la vida bohemia. ¿Novias? Varias pero ninguna a su medida; eran frívolas, vanidosas, ignorantes, tontas.

"A los cuarenta años me pego un tiro o me voy para la selva", decía el maestro. Pero al llegar a esa edad encontró a una muchachita, doña Marina Rey Matiz. Más de cuarenta años de unión feliz y nueve hijos.

Empezó el maestro Abadía a estudiar farmacia y luego medicina. El horror de los cadáveres en el anfiteatro lo convenció de que era mejor estar con los vivos, y así un buen día un amigo lo persuadió de que se metiera a la selva a ejercer medicina empírica entre los indígenas. La fascinación por estos compatriotas desconocidos definió la verdadera vocación de Guillermo Abadía Morales: el folklore.

---

*   Editado por Tres Culturas Editores, Bogotá, 1994.

El *ABC del folklore* es la versión sencilla del *Compendio general del folklore colombiano* para que ningún colombiano a las puertas del siglo XXI desconozca la inmensa riqueza de nuestra cultura tradicional. En buena hora, *Panamericana Editorial* quiere poner al alcance de todos este mundo fascinante de nuestra identidad.

De la mano del abuelo Guillermo Abadía Morales podremos recorrer las cinco grandes regiones que dividen nuestro país, olvidándonos de las divisiones artificiales por departamentos, las cuales tienen su razón de ser en otros campos, pero no corresponden a nuestras maneras de ser y de actuar.

Visitaremos así la región andina que abarca la zona montañosa que recorre la mitad del país en tres cordilleras y que nos une con el sur del continente. Otra riquísima zona de nuestro recorrido será la costa atlántica o región caribe, tan colorida y tropical. Colombia, el único país de Suramérica con dos oceános, nos permite llegar a una zona de prolífico folklore musical y tradición oral como es la región pacífica. La cuarta gran región de Colombia es la llanera, que conforma ese medio país de llanos y selvas de enorme riqueza tradicional. Finalmente la quinta región, la insular, que nos hermana con todas las islas del mar de las Antillas y Centroamérica.

En un país multiétnico y pluricultural como Colombia, tal como lo reconoce oficialmente la Constitución de 1991 y tal como lo sabemos cada uno de nosotros al ver nuestro lugar de origen, nuestro terruño, y compararlo con otras ciudades y pueblos, campos y veredas, llanos, costas, montañas, selvas, el folklore es, en consecuencia, sumamente variado y rico. Colombia no es solamente uno de los países de mayor biodiversidad, de mayor variedad de flora y fauna del mundo, sino de manifestaciones folklóricas en distintos campos como la música, la danza, la comida, la literatura, la medicina, la arquitectura, las bebidas, los trajes, y hasta nuestras maneras de reír, llorar, tener miedo, morir, vivir y amar.

Así como el maestro Guillermo Abadía Morales agrupa al país en cinco grandes regiones –andina, caribe, pacífica, llanera e insular–, clasifica el folklore en cuatro grandes ramas y para esta edición ha limitado el número de subdivisiones, así: literario (coplerío, refranes, dichos, adivinanzas), musical (principales instrumentos, tonadas y cantos), coreográfico (trajes típicos, danzas y juegos coreográficos) y demosófico o material (artesanías, mitos y supersticiones, medicina empírica, alimentos y bebidas).

Si consultamos el diccionario, encontramos la palabra *folklore* o saber popular, escrito con K y con E al final, aunque la Academia de la Lengua Española admita otras formas. El mismo maestro Abadía explica por qué se escribe con K y con E: "Aquí en Colombia ya no escriben folklore como debe ser, con K y con E al final, porque es una voz inglesa". La palabra *folklore* son dos términos, *folk* lo popular como del alemán *volk*, pueblo, popular. (De ahí viene el ejemplo Volkswagen, el carro del pueblo.) Es una palabra sajona en general. Y *lore* eran los cantos viejos tradicionales de Inglaterra. "El término *floklore* –dice el maestro Abadía– se quedó así y hay que conservarlo así. Lo conserva todo el mundo. En Europa todos los pueblos lo escriben correctamente menos dos, Portugal y Rumania, porque ni en rumano ni en portugués existe la letra K". Pero en castellano sí, era la antigua kappa griega. El folklore con c y sin e quedaría como una fórmula química, según nos recuerda el maestro Abadía, quien por sus estudios de medicina y farmacia sabe mucho de química "y otras hierbas". Citando a otro personaje, el maestro Abadía dice con sorna: "Yo conozco el ácido clórico, el hipoclórico, el perclórico, y ahora tal vez el folclórico".

Dado que el ser humano no es estático, no es un ser acabado sino en constante evolución y en cambio permanente, le consultamos al maestro Abadía qué pasa en este sentido. El folklore también es dinámico y cambia con el tiempo, pero no da saltos súbitos como pretenden algunos sacrificando la tradición y la autenticidad. El folklore es como el ser humano que nace bebé, se vuelve niño, joven, adulto y así sucesivamente. Muere cuando se olvidan las raíces y se desvirtúa su evolución natural.

Invitamos entonces a los lectores a realizar con el *ABC del folklore* de Guillermo Abadía Morales este recorrido por el país y su rico folklore, ojalá, como dicen los antropólogos, con experiencias de campo o sea conociendo directamente en terreno todas las manifestaciones culturales tradicionales que nos hacen orgullosos de ser colombianos. Y como dice el escritor Eduardo Galeano: "Pueblo que ignora de dónde viene, difícilmente puede llegar a averiguar a dónde va".

Ilse de Greiff

EXORDIO

La existencia de cuatro ediciones sucesivas del *Compendio general de folklore colombiano* no obsta para que los escolares tengan ahora a la mano una edición que resuma esos estudios en cinco capítulos sencillos y claros. Porque el compendio en sí tuvo como destinatarios inmediatos a los maestros normalistas de Colombia para servirles de texto cuando el Ministerio de Educación incluyó al folklore en los currículos oficiales.

Con todo, su contenido muy extenso y complejo no se mostraba al alcance de los lectores juveniles que son mayoría. Por ello, los nuevos editores solicitaron al autor un trabajo resumido que incluyera de todos modos los datos esenciales de esta materia social. Tal síntesis se denominó por ello el *ABC del folklore colombiano*. Se organizó por regiones ecológicas, no exactamente departamentales, y con inclusión de los temas básicos que esta materia necesita. Se divide en capítulos y ellos cinco abarcan las cuatro ramas del árbol del folklore colombiano reducidas a lo más conocido y usual.

Bordadora de Salento en el Quindío.
Dibujo de Delort.

CAPÍTULO PRIMERO
¿Qué es el folklore?

Etimología y definición

*F*olklore es, en esencia, la suma de conocimientos populares o el empírico saber popular. Es la cultura o autoexpresión del pueblo en cuanto al arte y a la ciencia se refiere.

Folklore es palabra inglesa ideada por J. W. Thoms para designar a los conocimientos tradicionales del pueblo. La voz folklore está compuesta por dos términos: *folk*, lo popular, y *lore*, lo tradicional. En Inglaterra, la voz *lore* designó inicialmente a las canciones de cuna tradicionales; después a todas las canciones de tradición y finalmente se aplicó a todo lo tradicional. La palabra tradición se deriva del verbo latino *trado* que significa "yo entrego" y es, por tanto, todo lo que unas generacione entregan a las siguientes. Así, el origen de la palabra folklore dice: *tradi popular*. Pero esta tradición no es científica ni se aplica a lo universa a un tipo especial de gentes y por ello será típica. Como sólo Varagnac, corresponde a las "creencias colectivas sin doctrina y colectivas sin teoría", es empírica (del griego *empeirikós* que e práctico). Además debe estar vigente o viva y así la defir completa sería la *tradición popular, típica, empírica y viva*.

Divisiones del folklore

Para su estudio se establecen divisiones mediante el esquema del árbol del folklore. Éste lleva cuatro ramas que son: el literario, el musical, el coreográfico y el material o demosófico. Las 24 hojas de estas cuatro ramas se simplifican aquí en tres para el literario (coplerío, refranes y dichos y adivinanzas); dos para el musical (principales instrumentos musicales, tonadas y cantos); dos para el coreográfico (trajes típicos y danzas y juegos coreográficos) y cuatro para el material (artesanías, mitos y supersticiones, medicina popular y comidas y bebidas).

Las regiones colombianas

Es más lógico establecer la división del territorio nacional, no por departamentos que son divisiones políticas o administrativas variables con frecuencia, ya que de los nueve estados colombianos existentes desde 1863 hasta 1886, hoy son treinta y dos departamentos. La división ecológica es más estable y por ello desde 1938 se fijó en México (Guillermo Abadía y Antonio García) la división por zonas o regiones así: región andina o de la cordillera, región caribe o del litoral atlántico, región pacífica o del litoral pacífico y región llanera o de los Llanos orientales. La andina consta de trece comarcas que son: Antioquia, Caldas, Risaralda, Quindío, Tolima, Huila, Cundinamarca, Boyacá, Santander y Norte de Santander y la mitad oriental de Valle del Cauca, Cauca y Nariño. La caribe consta de siete comarcas que son: Atlántico, Bolívar, Sucre, Córdoba, Magdalena, Cesar y La Guajira. La pacífica consta de cuatro comarcas que son: Chocó y la mitad occidental de Valle del Cauca, Cauca y Nariño. Una región insular está formada por San Andrés y Providencia, comarca que debería integrarse con la caribe por situación geográfica pero no tiene las expresiones de la caribe sino unas pocas de la pacífica y otras de las Antillas.

En cuanto a la distribución étnica del país, encontramos que somos mestizos en el 47,8%, mulatos 24%, blancos 20%, negros 6% e indígenas 2,2%.

REGION
INSULAR

San Andrés

Providencia

MAR CARIBE

REGION CARIBE

PANAMA

VENEZUELA

OCEANO PACIFICO

Rio Arauca

Rio Casanare

REGION PACIFICA

REGION ANDINA

Rio Cauca

Rio Magdalena

Rio Meta

REGION LLANERA

Rio Orinoco

Rio Guaviare

Rio Inirida

Rio Vaupés

Rio Apaporis

Rio Caquetá

BRASIL

ECUADOR

Rio Putumayo

PERU

Rio Amazonas

Capítulo Segundo

Región andina

$\mathcal{E}$sta región comprende todos los departamentos ubicados en la zona montañosa andina. Al suroeste del territorio colombiano, en un lugar conocido como el nudo de los Pastos, en el departamento de Nariño muy cerca de la frontera con el Ecuador, los Andes se ramifican en tres cordilleras –Occidental, Central y Oriental–, que se abren paso hacia el norte formando los valles del Cauca[1] y del Magdalena, así como la rosa fluvial que se diversifica en las vertientes de Atlántico al norte, Pacífico al occidente y Orinoquia y Amazonia al sudeste.

Por ser región de diversos pisos térmicos, alberga una notable cantidad de bellezas naturales, entre las cuales se cuenta un gran número de nevados como los del Huila (5.700 metros), Tolima (5.600), Ruiz (5.600) y la Mesa de Herveo (4.000) en la Cordillera Central, y el nevado del Cocuy (5.600) y la Sierra de Chita y Güicán (4.500) en la cordillera Oriental; vale la pena resaltar que en esta cordillera se halla el páramo de Sumapaz, el más extenso del mundo. La cordillera de los Andes también posee las lagunas más importantes del país, La Cocha[2], ubicada en Nariño, con una extensión de 60 km^2; Tota en Boyacá con 57 km^2 y en Cundinamarca Fúquene[3] con 32 km^2 y Suesca[4] con 6 km^2.

Las temperaturas medias de las principales ciudades de esta región son: Bogotá 13,2 grados, Medellín 21,2, Cali 24, Bucaramanga 24, Ibagué 24, Pasto 13,5 y Armenia 20.

En lo que tiene que ver con su contexto poblacional, la región está habitada por más del 90% del total de colombianos, concentrados principalmente en los grandes centros urbanos, lo que la clasifica como la más densamente poblada del país. La distribución étnica de sus gentes es tan variada como el número de departamentos que la integran. Así, hallamos varios núcleos de población de mayoría mestiza muy unificada y con predominio de aporte indígena en los departamentos de Boyacá, Cundinamarca y sur de Santander, antiguo asenta-

---

1 *Cauca* significa manso en lengua quechua.
2 *Lago* en lengua quechua.
3 En lengua chibcha significa *lecho del demonio*.
4 *Peñón de las aves*, en lengua chibcha.

miento de familia lingüística Chibcha y en Tolima, Huila, sur del Cauca y
Nariño por influencia caribe en los dos primeros y quechua en los dos últimos.
En Antioquia, Caldas, Risaralda, Quindío y los Santanderes predomina en el
mestizaje el aporte hispano, particularmente en Antioquia La Grande, en cuyo
territorio se establecieron gentes vascas, andaluzas y castellanas. Al occidente
(Valle del Cauca, Cauca y Nariño) se localizan fuertes núcleos de mulataje por
la contigüidad de la zona pacífica. Al oriente predomina el mestizo, y en
algunas ciudades de tipo colonial como Popayán, Buga y Pasto, este mestizaje
se polariza hacia el predominio del blanco.

Muy rica en agricultura, ganadería, minería e industria, esta región es
parte vital de la economía del país.

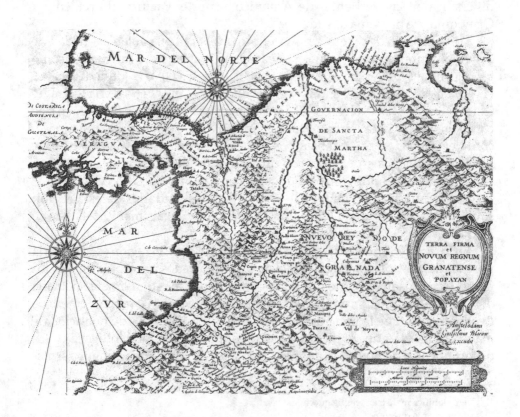

Folklore literario

Coplerío

La copla, del latín *copulam*, que significa enlace, es la acomodación de un verso con otros para formar la estrofa; recordemos que verso es cada uno de los renglones de la estrofa. Los cuatro versos de la copla llevan medida silábica de ocho sílabas (octosílabo) o de siete (heptasílabo) y combinados de siete y ocho. En un análisis de 24.000 coplas colombianas, la proporción de ocho y siete sílabas es ésta: coplas de cuatro octosílabos 53%; de octosílabos con heptasílabos 22%; de un heptasílabo con tres octosílabos 12%; de heptasílabos con octosílabos 6%; otras combinaciones 5%. Según la gramática, sílaba es cada emisión o golpe de voz, así: de una sílaba la palabra "yo"; de dos sílabas "ella"; de tres "nosotros"; de cuatro "gramática"; de cinco "clasificación", etc. Veamos un ejemplo de las coplas más abundantes:

De la fórmula 8-8-8-8:

> Bebamos desta bebida
> para prencipiar el rezo,
> pa quel alma del dijunto
> coja juerza y tranque tieso.

De la de fórmula 8-7-8-7 que le sigue en frecuencia:

> Me puse a toriar un toro:
> lo torié por la mitá;
> el toro taba en Arauca
> y yo taba en Trinidá.

De la fórmula 7-8-8-8:

> Señora, véndame un pan
> porquiaquí llego en ayunas,
> que yo'endespués se lo pago
> cuando la rana eche plumas.

Elaboración del pan de maíz.
Dibujo de A. de Neuville.

De la fórmula 7-8-7-8:

> Venimos de Santander
> y somos santandereanos;
> si nos vienen a pegar
> nosotros también pegamos.

La rima más frecuente en la copla folklórica es consonante, es decir, que suena igual la sílaba terminal en los versos segundo y cuarto (*rezo* y *tieso*, en el primer ejemplo).

En contadas ocasiones la rima no es consonante sino asonante, es decir, suena no igual sino parecido al oído, así:

> Me gusta bailar con Lola
> porque Lola baila *bueno*;
> Lola se deja llevar
> como caña pal *ingenio*.

De manera que la copla folklórica o "canta" popular ha de tener siempre cuatro versos que riman el segundo con el cuarto y en forma consonante, de preferencia; ha de expresarse en lenguaje rústico y no académico y ha de tener "gracia" para que se fije en la memoria del oyente. Gracia picaresca, irónica, humorística o filosófica. Si buena parte del coplerío colombiano y amerindio en general procedió de España a través del romance como éste lo fuera de la jarcha mozárabe[5], hubo en América un abundante arrume de coplas como puede observarse en la *Colección Vásquez* de Bolivia que contiene doce variedades de coplas o en las narraciones de los cronistas de Indias. Fernández de Oviedo[6] halló en las Antillas (isla de La Española conformada por Santo Domingo y Haití) unos cantos a modo de endechas[7] que acompañados de música y llamados "areitos" usaban los indígenas taíno-caribes de esos dos países (Quisqueya y Jaragua). A su vez, Fernández de Piedrahíta[8] halló en el barrio de Teusaquillo, Bogotá, que los indígenas muiscas cantaban unas formas de endechas o villancicos acompañados de la música de fotutos y chirimías. Veamos algunos ejemplos de coplas de la región andina:

5   Estrofa o cancioncilla final de un poema largo conocido como *moaxaja*, escrito en árabe o en hebreo. En España se han hallado jarchas en romance mozárabe del siglo XI.
6   Gonzalo Fernández de Oviedo (1478-1557). Historiador, político y escritor español, cronista oficial de las Indias desde 1532. Escribió la *Historia general y natural de las Indias y tierra firme del mar océano*.
7   Composición de cuatro versos de seis o siete sílabas, por lo general en honor de un difunto.
8   Lucas Fernández de Piedrahíta (1624-1688). Prelado e historiador colombiano, autor de una *Historia general del Nuevo Reino de Granada*.

Los negros de Barbacoas
cuando se ponen camisa
parecen plátano asao
revolcao en la ceniza.

Tibiritá en una loma
Guateque en una planada;
por jalta diunos helechos
no le truje la cuajada.

Al pasar el cementerio
me dijuna calavera:
lo que a yo me sucedió
eso le pasa a cualquera.

Tres cosas hay en el mundo
que no se pueden cuidar:
una cocina sin puerta,
la mujer y un platanar.

Yo no soy de por aquí,
yo soy de Capitanejo:
no me creció más el coto
porque no alcanzó el pellejo.

Mi compadre se murió
allá abajo en la quebrada:
yo no lo vide morir
pero vide la chulada.

Por esta calle a lo largo
tengo que pasiarme un poco,
vagamundo a lo Siavita,
pícaro a lo Somondoco.

Cuando dieron la noticia
de que ya no me querías,
hasta el perro de la casa
me miraba y se reía.

Llegando a Chiquinquirá
me tocó peliar con diez;
no les pegué sino a nueve
por ser la primera vez.

En la cárcel del Socorro
lloraban unos tunjanos
y en su lamento decían:
"Cuando nos suelten, nos vamos".

Variedades de la copla

La *bamba* es una sucesión de coplas con un verso de pie forzado, es decir, igual en toda la serie; por ejemplo, las bambas del armadillo:

Esto dijo   el armadillo
subido   en un arboloco:
apuren   con el almuerzo
quel   desayuno fue poco.

Esto   dijo el armadillo
pasando   por el cuartel:
si no fuera   por la cuzca
yo servía pa coronel.

O las muy populares, de la chanchirienta:

En las jiestas diorun año
me quisuna chanchirienta
pero yo salí corriendo
pues no me salía la cuenta.

Me quisuna chanchirienta
con tal de que la vistiera,
que l'hiba a vestir estando
tan chanchiriento comu ella.

Yo mentré paruna tienda
a tomarme un guarapito,
la chanchirienta detrás
que le diera su sorbito.

Me colé parotra tienda
a comerme una empanada,
la chanchirienta detrás
que le diera su mascada.

Me jui al establecimiento
a meterme un vaso e chicha,
la chanchirienta detrás
que parecía la desdicha.

Cojí por la calle arriba
enamorando muchachas,
la chanchirienta detrás
me enredaba en sus jilachas.

Eché pata pa l'iglesia
a platicar con el cura,
la chanchirienta detrás
agarrada a mi centura.

Tate queta chanchirienta
no me toqués la centura,
no quero que se me apeguen
los siete pesos del cura.

Ya repican pa la jiesta
ya sale la procisión,
la chanchirienta detrás
a servir de tentación.

Esto ya taría de Dios
sujrir con mi chanchirienta,
chanchirienta pero alegre,
jodida pero contenta.

Los *relatos* son historias en verso generalmente en forma de poemas típicos o serie de coplas como sería la *Historia de José Resurrección Ramos*, o *de un indio contada por él mismo*, que dice:

Historia de un indio, contada por él mismo

I

Soy José Resurrición
y mi apelativo es Ramos,
toy pa servirle a mis amos
con toda satisjaición.

Yo no supe onde nací
pasque jue en Sutapelao,
y endespués que taba criao
me trujeron pa Monguí.

Mi agüelo era Luis Moncó,
y dicen que era de Sora,
y mi mamita señora
creigo que era de Sopó.

Murieron en Usaquén
el año de la virgüela:
¡ah! humanidá de mi agüela
y de mi agüelo también.

A mi mamita endespués
un día es que vido a mi taita,
que taba tocando gaita
y le convendría tal vez.

Mi taita le dijo: "adiós",
ella se riyó con susto,
y como jue de su gusto
se casaron ambos dos.

La jamilia les rindió,
pus tuvieron al contao
a yo y mano Tanislao
y la Jesús que murió.

Luego mano Salvador,
endespués la Serajina,
más detrás mana Blasina
y el zute, que jue el menor.

Mi taita era la verdá
se vido muy atrasao
pa ver de dar el bocao
a toda su cristiandá.

Pero sabía trabajar
porque era güen clarinero,
y con un güen tamborero
eso era de no vagar.

Ya la jiesta en Chiriví,
del Señor Crucificao,
o a la jiesta del Sagrao
en el pueblo de Monguí.

Que ya pa Viracachá,
que ya pa Leiva o pa Suta,
ora las jiestas de Tuta,
ora las de Tibaná.

Onde quera Valentín
tocaba, ya se sabía,
clarín de noche y de día
sin que jaltara clarín.

Daban ganas de bailar
cuando tocaba mi taita,
hasta de Velis y Suaita
lo mandaban a llevar.

Pero endespués sucedió
que echó a metele al guarapo
y se puso que ni un sapo
endrópico (digo yo).

Y de esa cuenta, señor,
dio en delicarse de todo,
luego echó a dolerle un codo
y el rematís lo jregó.

Cuando vido que crecí
me rejiaba que ni un Cristo,
y yo me puse temisto
y del rancho me juyí.

Tres días duré entre un maizal
de mi padrino Juan Criollo,
mascando mero cogollo,
durmiendo entriún matorral.

Y como eché a maliciar
que me taban persiguiendo
derecho sajé corriendo
y a Velis jui a resollar.

Apenitas que llegué
me jui derecho al Convento
y con el Cura al momento
mi trabajo contraté.

Me pusieron a cargar
las aguas pa la cocina,
a limpiar una letrina
a barrer y desyerbar.

Endespués iba puel pan
a la tienda e misiá Pía,
y con el Cura salía
a jalta del sacristán.

Asina serví al patrón
dos años en correndilla
hasta que una condenilla
miso caer en tentación.

La tal se llamaba Paz
que comenzó con sus chanzas,
y con risas y jreganzas
que yo ya no podía más.

La Paz se picó de yo
y echó derecho a cuidarme

a abrazarme y a besarme
y hasta un rial me regaló.

Se puso la tal mujer
muchísimo de coqueta;
yo le decía: "Tate queta
porque lo pueden saber".

Mirá que no te chanciés
onde mis amos nos vean,
mirá que la malicean
eso sí; allá lo verés.

¿Sí acatarán? Cómo no.
Entón me daba un codazo
o mechaba to su brazo
sobre el pescuezo de yo.

Y yo le golvía a dicir
-dejate de esa tu risa,
mirá que la china avisa;
antón se echaba a reyir.

Asina jue; mi patrón
un día nos vido chanciarnos
todo jue vernos y echarnos
y se acabó la junción.

José (me dijo) vení,
decime por qué hacés eso,
¿conque abrazos de pescuezo?
Largate horita de aquí.

Yo dije: "Mi amo dotor
en eso soy inorante,
de mancha no toy culpante
se lo prometo señor".

Pero no me quijo oyir
y me arrempujó pa juera;
yo cogí mi maletera
y me tuve que venir.

II

La revolución jirvió
y el alcalde con machete
me echó mano del gollete
y a la cárcel me embocó.

A yo y al viejo Manuel
nos llevaron ayuntaos
y allá en Tunja los soldaos
nos metieron al cuartel.

Los voluntarios. Dibujo de A. de Neuville.

Cuando la recluta entró
me rasgaron mi sombrero
y vino un cabo primero
y al contao me motiló.

Ya echaron luego a enseñar
a todos los de mi tierra,
a caminar que ni en guerra
con cachuma melitar.

Después me dieron jusil,
calzones y bayoneta,
y un trisito de chaqueta
que no tapaba el cuadril.

Aprendimos a trotiar
de patrás y de pelante,
y un día vino el comandante
y a la marcha hizo tocar.

Yo me tercié mi morral
y mientras salía la gente
pedí licencia al teniente
y me jui a la Calle rial.

Iba por satisjacer
todito lo que debía,
un rial onde misiá Pía,
un rial onde otra mujer.

Sietimedio a don Ramón,
nueve a misiá Candelaria,
cuatro a la niña Nazaria
y se acabó la junción.

Luego onde mi amo Siquiel
merqué medio de mistela;
una mitá de panela
y me jui pa'l cuartel.

En llegando el capitán
me dio un planazo al contao...
pes pasque me había tardao
y porque era un haragán.

Me metió en la jormación
a punta de jurgonazos,
y me dio tres calibrazos
con mi mesmo canillón.

Antonio Morales

Los *corridos* son, como su nombre lo indica, narraciones continuas de coplas como el caso de esta versión antioqueña que se llama "Del zancudo":

Un hombre se fue a cazar
y el perro latió muy duro
y lo que vino cazando
fue un dingomandín zancudo.

Y el zancudo lo mataron
en medio diun matorral;
aunque fue el más chiquitico
siempre fue de caporal.

El nido deste animal
él era muy pequeñito,
lo andaba en cuarenta días
un antioqueño aburrido.

Del hueso de la cabeza
hicieron dos mil pilones

donde cabía un almud
cuando había muchos piones.

Del cuero deste animal
hicieron tres mil tambores
y sobraron las correas
pa ponerles cargadores.

La rellena este animal
le mandaron una al cura,
aunque fue la más pequeña
siempre fue de abarcadura.

Los muslos y contramuslos
mandaron pal hospital,
comieron cuarenta enfermos
y el médico y personal.

Hay también poemas típicos que se distinguen por el léxico o lenguaje rústico. Algunos ya han recibido música de bambuco como es el caso del escrito por Daniel Bayona Posada, verdadera joya de la tradición típica, popularizado en toda la zona andina.

Quereme, chinita,
como yo te quero;
no sias remilgada, no sias tan esquiva,
puñao de virtudes, piacito de cielo.
Decíme una cosa:
Por qué te disgustas
cuando yo a tu laíto me asiento;
por qué no dejarme
que pase las horas
viéndome en las niñas
de tus ojos negros.
Mira china linda
pa vos que sos güena
yo tengo'un ranchito que m'hice yo mesmo

Diadema de cocuyos.
Dibujo de A. de Neuville.

pa quillí soliticos vivamos
cuando nos casemos.
Yo no soy tan probe,
tengo mi ranchito,
mi sementerita del pie del barbecho,
mi vaca barcina,
mi burra mosqueta,
mi yunta de güeyes,
mi cría de corderos
y mis cuatro granitos de trigo
bien sembraos
en la jalda del cerro.
Por qué sacas trompa
y ti haces la brava
si puentre tus trenzas
yo eslizo mis dedos;
déjame quererte,

déjame que goce
queriéndote hartico,
paloma, lucero.
Cuando sias mi mujer pa' la vida,
cuando ya sin pecao me des besos,
abrazame y besame chinita,
tirame del pelo.
Reíte con gusto,
toca con tu mano
cómo brinca el amor en mi pecho,
y no sias remilgada ni esquiva,
¡claror de los cielos!,
sol de los venaos,
lluvia de verano,
rocío mañanero.
A mi amo curita
los dos le decimos

cuánto nos queremos;   con fe nos bendiga,
yo le pago una misa solene   pa que bien casaditos quedemos
con repiques y cantos y incensio   y podás vos quereme, chinita,
pa qui ante la Virgen   como yo te quero.

Refranes y dichos

Muchos refranes nuestros se derivaron de los hispanos. Como ejemplo más
válido está el del poeta Berceo[9] que figura en *La Celestina*, obra española de
Rojas[10] y que dice "uno piensa el vayo e otro el que lo ensiya" que en
Colombia se transformó en el andino "una cosa piensa el burro y otra el que
lo está enjalmando". Del español "a falta de pan, buenas son tortas" salió el
colombiano "cuando la chicha se acaba, los cunchos también son buenos".
Del hispano "de tal palo tal astilla", el colombiano "cuando compres ruana'e
jerga, fíjate bien en la trama; cuando consigas mujer, fíjate bien en la mama".
Otros auténticos como el incorporado a una copla que dice:

> Esto me dijo una vez
> el compadre don Facundo:
> los hombres y las mujeres
> son la gente pior del mundo.

Entre los dichos abundantísimos hay algunos originales como "tras de
cotudo, con paperas"; del muy torpe se dice: "Cerrao y trancao por dentro";
de la muy callejera: "Anda más que gallina de pueblo"; del borracho: "Está
más rascao que nalga de caratosa".

Adivinanzas

¿Qué es lo primero que hace un burro al salir el sol? (Respuesta: sombra.)
Juan Guaraguao, más alto sentao que parao. (El perro.) ¿De qué se puede
llenar un saco para que pese menos? (De agujeros.)

---

9 Gonzalo de Berceo (1195-1265). Es el más antiguo poeta castellano de nombre conocido. Pasó su vida
   en un convento benedictino y entre sus obras más importantes están los *Milagros de Nuestra Señora* y
   el *Duelo de la Virgen*.
10 Fernando de Rojas (1468-1541). Escritor español, judío converso, a quien se atribuye la obra *La
   Celestina* (1497), titulada originalmente como *Tragicomedia de Calixto y Melibea*.

Folklore musical

Principales instrumentos

Entre los aerófonos[11] de la zona andina están la "hojita vegetal" de guayabo o naranjo, los chiflos de Cundinamarca y Boyacá que son flautas de Pan o capadores, las flautas traveseras del Cauca y Huila llamadas *kuvis* y *cachupendo*, las flautas derechas llamadas "pitos", el cacho de toro o cuerno, el pinquillo y las pegatés guambianas, los silbatos de arcilla en figuras de aves, las chirimías de Girardota y San Vicente, las quenas de Nariño y Cauca y las dulzainas, armónicas de boca o violinas de esta región. En Nariño le dicen violina y en Antioquia "castruera". La de mayor tamaño en Nariño se llama rondador. Las ocarinas de arcilla son abundantes en esta región andina.

Entre los cordófonos[12] el más representativo de la zona es el tiple, derivado de la guitarra latina; muy extendidos también son el requinto, que es un tiple alto, y la bandola, instrumento derivado de la mandolina italiana y la bandurria española. La guitarra morisca, universalizada, se usa también en Colombia. En Nariño, por contigüidad del Ecuador, se usa el charango o bandolín que a veces está formado por un caparazón de armadillo y se llama *quirquincho*. Ocasionalmente en esta región andina se usa el laúd con función de bandola segunda.

Entre los autófonos o idiófonos[13] son frecuentes el "chucho" o "alfandoque", los "quiribillos" y "esterilla", la "carraca" caballar, el "guache" o totuma con granos de maíz, el carángano de vejiga en el Huila, la caña de raspa o raspa de ranuras, la concha de gurre o caparazón de armadillo, las cucharas de palo y la matraca.

Entre los membranófonos[14] son frecuentes el bombo o tambora, la pandereta y la "zambumbia" de Santander, que en el Huila se llama puerca y en Boyacá marrano. El "chimborrio" o tambor cúbico del Tolima está casi desaparecido.

---

11 Instrumento musical cuyo sonido se produce por la vibración del aire movido por soplo bucal o por acción mecánica (fuelle).
12 Instrumento cuyo sonido se produce por la vibración de una o más cuerdas o elementos asimilables a ellas, que resuenan en una caja de resonancia.
13 Su sonido se produce por vibración del cuerpo mismo del instrumento y dentro de este grupo se clasifican todos los instrumentos que no pueden ordenarse en los otros géneros.
14 En estos instrumentos el sonido se produce por la vibración de una o dos membranas o parches –o elementos asimilables–, golpeados, restregados o presionados.

Tonadas y cantos

La tonada-base de toda la región andina es el *bambuco*. Su origen es mestizo, pues conjuga las melodías de tradición indígena a ritmos varios, entre ellos muy posiblemente los vascos, según investigadores musicólogos como el maestro Jesús Bermúdez Silva. Es la expresión musical y coreográfica más importante y representativa, no tanto por su calidad musical, ya que como canto es superior la guabina y como danza es superior el currulao; pero sí por su amplia dispersión, ya que cubre trece comarcas: Antioquia, Caldas, Risaralda, Quindío, Cundinamarca, Boyacá, Tolima, Huila, Santander, Norte de Santander y las tres mitades orientales de Valle del Cauca, Cauca y Nariño. Vocalmente se interpreta a dos voces (primo y segundo) habitualmente masculinas (dueto bambuquero). Famosos han sido: Obdulio y Julián, García y Carrasquilla o Dueto de antaño, Pelón y Marín, Garzón y Collazos, Pineda y Pérez, Espinosa y Bedoya, Ríos y Macías; más recientemente los Hermanos Calero de Palmira y el dueto Nueva Gente de Medellín. A veces se canta por trovador solo (Carlos Julio Ramírez hace años y Darío Tobón ahora).

En 1970 sugerimos una de las cuatro teorías existentes sobre la denominación *bambuco* y se refiere al uso del instrumento musical llamado "carángano" construido con guadua (bambú), antes popular en nuestra costa norte, pero hoy sólo conservado en Venezuela y en el Huila. Los chombos o negros de las Antillas inglesas traían a tierra firme esos caránganos o tubos de bambú, que ellos llamaban "bambucos". Por derivación, todas las músicas ejecutadas en esos instrumentos se llamarían "música de bambuco", aunque ello no quiere decir que se identificaran con nuestro aire de la región andina, pues en nuestra costa norte no existe el bambuco.

Las variedades del bambuco son seis: *sanjuanero* o bambuco fiestero del San Juan, *rajaleña* o bambuco cantado en coplas picarescas, *fandanguillo* y *capitusez* o bambucos coplados en duelo, *vueltas antioqueñas* y *guaneña*.

Otra tonada importante en la región es el *torbellino*, muy popular de Cundinamarca, Boyacá, Santander y Caldas. Su fuerte ancestro indígena está señalado porque sus células rítmicas se hallan en un canto de viaje de los indígenas Yuco-motilón, el *karakeney*. La interpretación instrumental está a cargo del trío de cuerdas colombianas (tiple, bandola y guitarra) o el conjunto santandereano de tiple, requinto (como instrumento cantante en vez de la bandola), zambumbia, carraca, quiribillos, esterilla, pito, chucho, raspa de caña, y pandereta. Hay una variedad del torbellino muy notable conocida como "torbellino viejo o de los sombreros" en que la parte vocal está limitada a algunas coplas o motes de comentario. También en el torbellino usual se usan los duelos de coplas o contrapuntos, llamados

INSTRUMENTOS DEL SANJUANERO

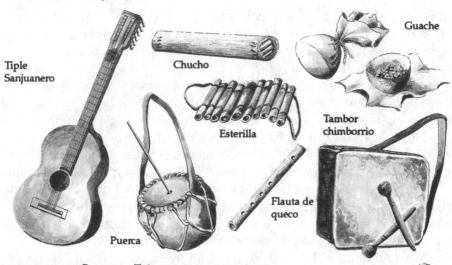

Tiple
Sanjuanero

Chucho

Guache

Esterilla

Tambor
chimborrio

Flauta de
queco

Puerca

INSTRUMENTOS DEL BAMBUCO - TRÍO DE CUERDAS COLOMBIANO

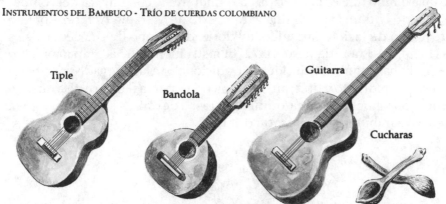

Tiple

Bandola

Guitarra

Cucharas

INSTRUMENTOS DE LA COMPLEXIÓN TORBELLINO - GUABINA

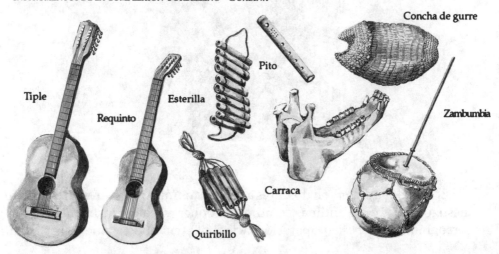

Tiple

Requinto

Esterilla

Pito

Concha de gurre

Zambumbia

Carraca

Quiribillo

"moños". Una modalidad del torbellino, conocido como el de los sombreros, es el "tres", que no es otro aire sino un torbellino danzado por tres personas, generalmente dos hombres y una mujer. Cuando se establece a dos parejas cruzadas se llama "cuatro".

La *guabina* (con *b* o con *v*) es un aire cantado normalmente y no danzado, pues se trata de forma exclusivamente vocal (canto "a capella") y lo que se danza en los interludios es sólo torbellino. Usual en toda la zona veleña (Vélez, Jesús María, Chipatá, Guavatá, Puente Nacional, La Aguada, Capitanejo, Sucre, Bolívar y Socorro) como municipios de Santander. Allí, la combinación de guabina con torbellino se establece por medio de un preludio de torbellino instrumental-coreográfico seguido del canto de guabina exclusivamente vocal; luego un interludio de torbellino instrumental-coreográfico y nuevamente la guabina vocal. Se han fijado diez y nueve estructuras diferentes para esta complexión o combinación. La guabina danzada sólo tiene un ejemplo que es la llamada chiquinquireña, con música del compositor Alberto Urdaneta sobre una letra o texto de Mariano Álvarez Romero y coreografía de Jacinto Jaramillo, folklorizada al cabo de cincuenta y seis años (1938), cosa notoria desde 1972. El instrumental de acompañamiento de las guabinas mantiene su riqueza tradicional y está apoyado en la parte melódica por requinto y tiple, auxiliados a veces por la flauta rústica de caña y siempre por chucho, carraca, quiribillo y raspa de caña, así como pandereta y puerca o zambumbia, en la parte rítmica.

El *pasillo* y la *danza* son dos aires aculturados muy populares en el medio mestizo de la zona andina, como expresiones vocales, instrumentales y coreográficas. El *pasillo* apareció hacia 1800, cuando la nueva sociedad burguesa, semifeudal, de chapetones y criollos acomodados, buscó un tipo de danza más acorde con el ambiente cortesano en que vivía, al no poder llevar a los salones aires y danzas populares, como el torbellino, el bambuco o la guabina, que tenían un carácter "plebeyo". Siguiendo el gusto por los patrones culturales europeos, se pensó entonces en el baile de mayor auge por ese entonces en el viejo continente, el *waltz* austríaco, que en España pasó a ser el vals y en Francia la valse. Así, se adaptó en Colombia, Venezuela y Ecuador, incluyéndole un movimiento más acelerado y hasta vertiginoso en su forma coreográfica. En Colombia y Ecuador recibió el nombre de pasillo, diminutivo de "paso", por ser un baile de pasos menudos, y en Venezuela conservó el de valse.

La *danza* era la modalidad lenta del waltz, así como el pasillo era la variante acelerada. Al parecer provino de la *habanera cubana*, como ésta lo había sido de la contradanza alemana a través de la inglesa *country dance*, de la francesa *contradanse* y de la española contradanza.

El *bunde tolimense*, mezcla de bambuco, torbellino y especialmente guabina huilense, es una pieza particular del maestro Alberto Castilla, bautizada de esa manera por su significado de "mezcla y confusión de gentes, revoltillo de cosas diversas", segunda acepción de la palabra, después de tonada, canto y danza típicos del litoral Pacífico. Sólo conocemos una coreografía propuesta por Misael Devia pero escasamente usada.

La *rumba criolla* fue una variante de la cubana, popular de 1925 a 1940 cuando Milcíades Garavito, Emilio Sierra y el chueco Isidoro Chaves la pusieron en boga. Jorge Añez nos dice: "Sierra y Garavito fueron los creadores de un nuevo tipo de canción que tuvo muy corta vida y bautizaron con el título de rumba-criolla. Algunas como *La loca Margarita*, de Garavito, y *Vivan los novios*, de Sierra, causaron verdadero furor. Son una derivación de la tan llevada y traída música antillana".

Folklore coreográfico

Trajes típicos

Aunque el traje o atuendo vestuario para los danzarines de estas tonadas es simplemente el de los campesinos de dicha región, a veces se estilizan prendas típicas como el sombrero jipa, el pañuelo rabuegallo, la camisa cotona o sin cuello, la ruana de lana de jerga o la montera de lana para los climas fríos y la mulera de hilo para los cálidos, el pantalón de manta y las alpargatas en el hombre y la corrosca de pindo, sombrero suaza o de tapia pisada, falda de saraza con orillo de randas o de olán, pañolón o rebozo de caperuza, blusa de manga larga y bordada o corta al codo, alpargatas blancas con galones negros o cabeza adornada de flores, según el clima, para la mujer. A veces se llevan prendas adicionales o de parafernalia como el guarniel antioqueño y el machete para el hombre o cestilla de flores para la mujer. En el torbellino es más común el bordón o guayacán en vez del machete y la mochila de fique.

Es razonable un traje campesino condicionado por el clima y el tipo de trabajo que se realiza en una región determinada. El de los bogas del río Magdalena hizo exclamar a un turista inglés del siglo pasado: "El uniforme de los trabajadores fluviales en Colombia consta de sombrero y tabaco".

Los bogas y el champán. Dibujo de Riou.

Hay un sinnúmero de prendas vestuarias comunes a varios departamentos: el traje del arriero de las montañas antioqueñas, caldenses, quindianas y de Risaralda es prácticamente el mismo y tiene semejanzas con el de Santander. Las prendas del peón ganadero de la región de los Llanos, del Tolima y Huila tiene muchos detalles en común con las de los trabajadores

Arriba de izquierda a derecha: Boyacá/Cundinamarca; Tolima.
Abajo de izquierda a derecha: Cauca (ñapanga); Antioquia; Vélez (Santander).

.

sabaneros de Bolívar. Igual sucede con los campesinos labriegos de Cundinamarca, Boyacá, Oriente, Santander, etc., de las zonas frías.

Danzas y juegos coreográficos

El bambuco es, como expresión sentimental, un "idilio campesino" que
señala los tímidos balbuceos del amor en los pasos de una danza ingenua.
El hombre persigue delicadamente; la mujer consiente con timidez. Aquí
vendrían muy bien las palabras del maestro argentino Leopoldo Lugones[15],
al hablar de las danzas criollas:

> Su ritmo, elemento masculino, es alegre y viril, mientras su melodía
> llora con melancólica ternura. Así resulta más descriptivo de la doble
> alma que encierra la pareja danzante, conservando toda su indivi-
> dualidad al hombre y a la mujer, quienes nunca llegan a unirse
> materialmente. El espíritu de nuestra poesía es, como el de la música
> correspondiente, melancólico y viril a la vez. La delicadeza senti-

15 Escritor argentino (1874-1938). Fue el primero entre los modernistas de su país. Cultivó la poesía y la
    prosa y de sus obras podemos citar *Romances de Río Seco*, *El payador* y la *Historia de Sarmiento*.

mental de estos dos elementos impuso a la danza una decente cortesía que no amenguaba, por cierto, su elegante gracia. Hombre y mujer permanecían siempre separados, siendo su contacto, cuando lo había, eventual y fugaz.

Esa viril melancolía de que nos habla Lugones, se aplica mejor que nunca al bambuco y es la misma "risa entristecida" con que José Eustasio Rivera[16] nos define el espíritu del bambuco en su soneto de *La calentana*:

> La gentil calentana, vibradora y sumisa,
> de cabellos que huelen a florido arrayán,
> cuando danza bambucos entristece la risa
> y se alegra el susurro de sus faldas de olán.

Los pasos de danza en el bambuco varían según las regiones andinas: así, en Sonsón (Antioquia) aparecen ocho figuras y es la planimetría más completa. En Jesús María (Santander), seis figuras y en Guateque (Boyacá), cinco. Para este tema consúltese la coreografía del profesor Jacinto Jaramillo en el libro de don Benigno A. Gutiérrez, *De todo el maíz*, y en sus comentarios al *Cancionero antioqueño*.

El bambuco festivo o sanjuanero es de tipo colectivo y utiliza como instrumentos el conjunto llamado cucamba que consta de tiple, flauta de queco, carángano de vejiga o bolillo, tambora o el antiguo chimborrio, puerca, chucho, raspa de caña, hojita de naranjo. Igualmente esta cucamba se usa en los rajaleñas y fandanguillos. En las vueltas antioqueñas, variedad del bambuco desaparecida casi por completo, se utilizan los mismos instrumentos del bambuco corriente. En la guaneña es usual el conjunto instrumental que actúa en los bambucos caucanos, esto es, la chirimía caucana que es la misma de los indígenas Páez formada por flautas traveseras o *kuvis* (tres graves o *nuchs* y tres agudas o *nehuish* y un tambor *kut*.) Los Guambiano del Cauca usan para sus bambucos un conjunto de flautas traveseras o *pegatés*, un bombo o *nubalé* y varios redoblantes o *cuchimbalés*. La caña es variante de sanjuanero que alude al corte de la caña de azúcar y la molienda en el trapiche.

Los juegos coreográficos de la región andina son veinticuatro, pero sólo mencionaremos en detalle algunos de ellos, los más sencillos. Aquí citaremos "el angelito bailao", "el capitusez", "los monos", "las perdices", "los

---

16 Escritor y abogado colombiano (1889-1928). Se destaca en las letras latinoamericanas, junto con otros escritores de principios de siglo, por haber tomado conciencia de la originalidad de su entorno geográfico. Publicó *La Vorágine* en 1924. Es también autor de *Tierra de promisión*, sonetos de original y vigorosa composición.

Baile del bambuco en El Bordo. Dibujo de Sirouy.

saludos", "la escoba" y "el disimulo". Al final del libro encontrará una referencia más amplia de las cuatro fiestas más importantes del país, el carnaval de Barranquilla, el carnaval del diablo en Riosucio, las fiestas de San Pacho en Quibdó y el festival de negritos y blanquitos en Nariño.

El *angelito bailao*, casi desaparecido en las zonas urbanas, fue muy popular en el Valle de Tenza (Boyacá). Es rito de funebria en el que el cadáver de un niño (menor de siete años para ser considerado como angelito) se coloca sentado sobre un banquito y atado en una tabla elevada sobre un mástil, es llevado por uno o dos hombres. En una gráfica, tomada de los dibujos del famoso archivo de Ramón Torres Méndez[17] (1851), aparece el entierro de un niño del Valle de Tenza (Boyacá) y en él van adelante cuatro músicos que ejecutan un tiple, un requinto, un chucho y un capador; sigue otro hombre llevando un mástil en cuyo extremo superior está colocada una tabla o repisa en cuadro, sostenida por clavos al eje del mástil y por templetes que van desde el mástil hasta a las cuatro esquinas de la tabla. Sobre la tabla va asegurado el niño muerto luciendo su traje más vistoso; detrás marchan cuatro mujeres en atuendo oscuro y, finalmente, otra mujer (probablemente la madrina) llevando en la mano el extremo de una larga cinta que termina en el cuerpo del niño y que sirve para moverlo o accionar la tabla que lo soporta, imitando así al ángel que se mueve para indicar que el niño se ha transformado en ese ser angélico. Otras veces se coloca el cadáver en una bamba o columpio para hacer más efectivo el vuelo del angelito. Todo esto

---

17 Pintor y retratista colombiano (1809-1885). Fue quizás el artista más prolífico de la Nueva Granada y sin duda el más popular. Se dedicó al retrato, a los cuadros de costumbres, a la pintura religiosa y a la caricatura.

se acompaña de músicas y de la danza correspondientes a las tonadas que se ejecutan instrumentalmente.

El *capitusez* es una forma de bambuco, nombrado en Tolima y Antioquia, en la que el hombre, vestido con dos o tres camisas sobrepuestas y otros tantos pantalones, mientras baila va quitándose prendas de vestir y, lanzándolas a los pies de la mujer que lo acompaña, va repitiendo el estribillo "capitusez, capitusez, todo lo que tengo es para usté" y danzan ambos sobre la camisa; luego con un pantalón en igual forma y con la misma retahíla y así sucesivamente con las tres camisas y los tres pantalones hasta llegar al límite demarcado por una discreta pantaloneta interior.

Los *monos* son un sanjuanero de varias parejas que danzan y se cruzan mientras cantan:

> Allá van los monos
> por el rodadero;
> el que va sin mona
> es un majadero.
>   Allá van los monos
> y aquí van los rastros,
>   a coger bejucos
> para hacer canastos.

Y el estribillo puede ser:

> Valiente mono
> tan atrevido
> que no respeta;
> por ir a besar la novia
> besó a la mamá,
> besó a la suegra
> y le dio en la jeta.

En la coreografía las parejas hacen evoluciones imitando a los simios y pasando luego bajo un arco o túnel formado por los brazos de los danzarines que por parejas quedan quietos mientras les llega el turno de pasar bajo el túnel. Las figuras son nueve y se llaman: círculo, rueda, vuelta del mono, lucha, danza de los monos, túnel, peine, caracol y marcha por parejas.

Las *perdices* es una mojiganga[18] de seis bailarines que imitan el movimiento de estas palomas perdices buscando la comida en el monte. Se cruzan

---

18 Especie de representaciones teatrales o sainetes con que se pretendía divertir a las gentes en el ámbito familiar o de pequeños grupos rurales.

en línea ondulada los bailarines, todos masculinos, aunque tres de ellos van
travestidos de mujeres. En un momento dado se escucha un silbido que es
el gavilán, simbólicamente, y las aves miran al cielo tratando de descubrir
al ave de rapiña; para ello los danzarines se acuclillan suspendiendo la danza
hasta cuando otro silbido anuncia que el peligro ha pasado y éstos, reanu-
dando la danza que es música y pasos de torbellino, continúan hasta cuando
la música termina. El travestido femenino se explica por ser una dramatización del siglo XVIII, cuando en España las gangarillas[19] o músicos de la legua
realizaban estos sainetes y en esa época la presencia de la mujer estaba
prohibida en la escena, ya que tales músicos debían viajar de día o de noche
en sus carretas por las comarcas vecinas.

Los *saludos* son otra mojiganga de torbellino original de las veredas de
Potrerogrande y San Lorenzo en el municipio de Fómeque (Cundinamarca)
y en la vereda de Soatama, municipio de Villapinzón (Cundinamarca). En
Boyacá encontramos algunas muestras de mojigangas en la vereda de Sote,
cerca de Tunja y en las cercanías de Tibasosa. En los saludos se hace la
mímica de saludos diferentes: quitándose el sombrero, con apretón de
manos, en contacto de antebrazos, en
abrazo efusivo, simulando cojera e in-
tentando la zancadilla, con los brazos
abiertos y extendidos o acariciándose
la cabeza, hombre y mujer, alternati-
vamente.

La *escoba* es tal vez la más diverti-
da de las mojigangas del oriente de
Bogotá, pues se presta para mayor
diversidad de actitudes jocosas. En
una investigación realizada hace algunos años por mis alumnos de folklore en la Universidad Nacional, dice
Marta Torres:

La escoba es un aire de torbellino
y su coreografía tiene carácter jo-
coso y competitivo; es casi un juego. Durante toda la danza los
integrantes forman un círculo, in-
tercalando mujeres y hombres

---

19 Compañía antigua de cómicos, compuesta de tres o cuatro hombres y un muchacho que hacía de
   dama.

que bailan alrededor de un hombre que, a falta de pareja, lleva una escoba; baila un rato con ella y en el momento oportuno, es decir, cuando alguno de los hombres del círculo está distraído, arroja la escoba, se desbarata el círculo y cada uno de los hombres intenta no quedarse sin pareja; el que se quede solo tiene que pasar al centro del círculo y bailar con la escoba, repitiéndose el mismo proceso. El hombre que está en el centro del círculo canta coplas con voz fuerte mientras danza; para finalizar, todos forman una fila india (unos detrás de otros), con un hombre encabezando la fila, que lleva la escoba con la que hace gestos y movimientos graciosos.

Los danzarines son siete en total, todos masculinos, pero tres de ellos travestidos de mujer, es decir, tres parejas y el escobero.

El *disimulo* o la *coqueta* es una mojiganga danzada en Boyacá y al oriente de Bogotá; en Boyacá la hemos observado en la vereda de Sote, cerca de Tunja, por la carretera a Arcabuco. Es una pareja de danzarines mímicos, hombre y mujer, que realizan ademanes y actitudes de cortejar a la mujer y de aceptar ésta los requerimientos. Un segundo hombre entra en escena y la mujer debe atender las pretensiones de ambos, pero disimulando ante cada pretendiente para hacerle creer que sólo a él atiende. En el oriente de Bogotá, en la zona de Fómeque y poblaciones aledañas, recibe el nombre de *disimulo* y en Boyacá el de *coqueta*. Se danza en aire de torbellino, pero en el oriente de Bogotá, la mujer es un hombre travestido, lo que da mayor comicidad a los melindres que realiza la pretendida.

Folklore material

Artesanías

La artesanía más importante es la vivienda, y aquella que posee carácter tradicional es la que podemos considerar como folklórica, dividida en nativa o indígena y aculturada (mestiza o mulata).

La vivienda nativa, usada desde tiempos inmemoriales por nuestros indígenas, se conserva en la actualidad prácticamente sin modificaciones. Así, las casas indígenas de los Páez son ranchos[20] de una o dos piezas, techo de paja, paredes de troncos clavados en el suelo con cañas secas de maíz en los intervalos, una sola puerta sin ventanas y fogón interior; las camas son de cuero de oso o de res. Otra etnia de la región andina, los Guambiano,

---

20 La voz *rancho* tiene origen en el alto alemán *hrang* (anillo o círculo en que se reunían las gentes); en toda América ha extendido su acepción desde el rancho de "vara en tierra" hasta la granja lujosa.

Caballitos y pitos de Ráquira (Boyacá).
Cestería de guacamaya.
Sombrero de tapia pisada.

construye casetas de palma "boba" o helecho arborescente, techo de paja, puertas y ventanas amplias, paredes dibujadas sobre cal; aquí encontramos algunos elementos extraños, como la cal y los dibujos que señalan la influencia de la civilización mestiza, perturbadora de la tradición guambiana. En cuanto a los Catío, poseen cabañas en lo alto de los árboles o ranchos grandes. Las actuales habitaciones llamadas *depurradé* son de planta circular sobre cuatro columnas en cuadro; de allí salen los parales que suben a formar un cono en el techo, que se cubre con hojas de palma o murrapo atadas con bejucos. Para dormir utilizan camas de corteza de árbol, especies de catres, hamacas en ocasiones y el fogón debajo del dormitorio.

En la vivienda mestiza actual predomina el modelo hispano llamado "colonial" urbano y campesino, aunque en los campos es más corriente el rancho pajizo de bahareque y tapia pisada, un conjunto de cuatro paredes de tierra pisada (tapias) con una sola puerta y una ventana a lo más, techada en caballete de dos aguas y cubierta de paja de esparto, de palma, de tamo de trigo o de teja rústica de madera. Otras son únicamente de bahareque, esto es, de cañas y barro; generalmente en las tierras frías se utiliza el chusque y barro mezclado con boñiga de res y en los climas cálidos guadua rajada pañetada con barro después de atada con bejucos.

En cuanto a la artesanía manual, se distinguen por su dulcería en general y dulcería artística o sitoplastia, localidades como Chiquinquirá y La Capilla en Boyacá, y Buga en el Valle del Cauca por su trabajo con el alfeñique[21]. Destacan igualmente las poblaciones de Vélez y Chitagá, en Santander, por sus dulces en general. Las figuras modeladas en la dulcería artística suelen ser de una graciosa ingenuidad que sorprende por su sencillez infantil; desarrollan temas religiosos y sentimentales en las figuras de vírgenes y santos de culto católico, ángeles, palomas, flores y todos los motivos de la fauna y la flora.

En la región andina se encuentran también famosos centros alfareros y ceramistas, como La Chamba y Espinal, en Tolima; Ráquira (conocida por sus caballitos), Gámeza y Chiquinquirá, en Boyacá; Pitalito, en Huila; Carmen de Viboral, en Antioquia y Tocancipá, en Cundinamarca. Hay que mencionar las importantes herencias de las culturas Quimbaya y Muisca en la tradición cerámica de esta zona.

Pasto es célebre por su barniz, cuya preparación se realiza con base en la resina del árbol mopa-mopa, abundante en esa ciudad. El barniz de Pasto es una especie de laca utilizada para la decoración de muebles y vasijas de madera, ampliamente reconocida, tanto que hoy es procesada casi indus-

---

21 Pasta comestible hecha con azúcar y aceite de almendras.

trialmente. Esta tradición aborigen fue hallada por primera vez por Hernán Pérez de Quesada[22] en 1543.

En cuero destacan Envigado y Jericó, La Ceja y Barbosa, en Antioquia; Santa Rosa, Cuche, Villapinzón y Chocontá, en Cundinamarca y Belén en Nariño. En fique son notables Fómeque en Cundinamarca, Tipacoque y Pesca en Boyacá; La Jagua, en Huila. En lana son centros valiosos Nobsa, Iza, Sogamoso, Gámeza, Pesca, Sutamarchán y Villa de Leyva en Boyacá; Funza, Nemocón, Sopó, Usaquén y Lenguazaque en Cundinamarca; La Jagua, en el Huila, Silvia en Cauca. En madera cabe mencionar Chiquinquirá, Duitama y Sogamoso en Boyacá; Ipiales, en Nariño. En metales finos y otros, Guapi en el Cauca y Barbacoas en Nariño. En paja se destacan Aguadas en Caldas, Sandoná en Nariño, Tenza en Boyacá, Espinal en Tolima, Guapi en Cauca, Útica y Guaduas en Cundinamarca.

Mitos y supersticiones

El mito, por su nombre griego, indica un mandato; tiene pues la fuerza de una ley, particularmente en las tribus indígenas; se basa en leyendas y fábulas, narraciones de índole religiosa, pues tal legislación era de tradición oral y pasó luego a ser literatura oral. Los mitos pueden ser divididos en tres categorías, así: mitos mayores, mitos menores y espantos. Los mayores constituyen una especie de deidades tutelares; los menores se asimilan a genios maléficos o traviesos y los espantos son simples visiones o sugestiones emparentadas con los espíritus o ánimas de los muertos y se localizan en lugares sombríos, lóbregos o medrosos, como cementerios, graneros y casonas destruidas. En esta región andina son notables los mitos mayores como La Madremonte, personaje tan notable como la "Madre-montaña" de los griegos o su par americana la "Pacha-mama" de los incas.

La Madremonte es deidad selvática que protege el ambiente, en especial las aguas, y su mandato estriba en que nadie debe bañarse en ríos crecidos pues La Madremonte castiga a quien lo hace produciéndole ronchas y pústulas en la piel. Creencia que se justifica porque los ríos crecen con las fuertes lluvias y éstas arrastran desde las orillas hojas y maderas podridas, cadáveres de animales y materias orgánicas en descomposición. Parece identificarse con el Daybagdódjira de los indígenas del Catatumbo (Norte de Santander).

El Hojarasquín es personaje selvático, muy popular en Antioquia, protector de los animales de pezuña (venados, conejos, tatabros, dantas) y por eso él mismo tiene pies de chivo como el fauno o caprípede griego. Se le imagina

---

22 Descubridor español del siglo XVI, gobernador de la Nueva Granada. Era hermano de Gonzalo Jiménez de Quesada.

Barniz de Pasto (Nariño).
Plato de tamo de trigo (Nariño).
Cerámica de La Chamba (Tolima).

con apariencia vegetal, cuerpo musgoso y entrelazado de bejucos, coronado de flores silvestres; es, pues, mito ecológico ya que protege como La Madremonte la fauna y la flora. Se identifica con El Boraro o Curupira pues unos y otros llevan los cascos al revés para despistar a los cazadores.

La Patasola, mito típicamente colombiano, es frecuente en Cundinamarca, Tolima, Santander y Boyacá hasta el pie de monte llanero y Antioquia. Es personaje múltiple, especie de furia o euménides[23] griegas, que tiene un solo pie, lo que le da su nombre, como protectora de los bosques y como alegoría del árbol, que tiene también un solo pie. Las patasolas nacieron en la mitología popular nuestra cuando se iniciaron los trabajos de descuajamiento de las selvas tropicales y por ello se dice que devora a los taladores de árboles y cazadores. Cuando alguien se pierde en la selva y hallan después su cadáver devorado por las bestias selváticas, se culpa de ello a La Patasola; de hecho los mineros de la región del Carare dicen que La Patasola anda gritando por los montes, llamándoles, y que el que se deja llevar por sus reclamos nunca vuelve a encontrar la salida de la selva, o bien se halla ahogado en algún río o muerto en un paraje retirado. Para ellos es corriente el dicho "se lo llevó La Patasola". La selva en este mito se personifica en un genio femenino de gran ferocidad, guardián de sus dominios y enemigo del hachero y aun del minero que trabaja en los ríos selváticos donde se hallan las minas de oro de aluvión. La motivación de esta presencia femenina se debe probablemente a la soledad del trabajador cuya imaginación crea naturalmente la presencia del sexo complementario en medio de la selva, símbolo de la hembra dominada y vencida, aunque a veces sea trágicamente vencedora. En Santander se identifica con La Mancarita.

El Mohán[24] o Moján del Tolima y Huila vive en los pozos oscuros de los ríos y quebradas tropicales, es personaje tutelar de las aguas y ahoga a quienes intentan bañarse en sus dominios. Los campesinos cundinamarqueses le atribuyen la crecida de los ríos a los "mojanes" y no a La Madremonte. A veces se confunde en el Tolima con El Poira llanero.

La Llorona es igualmente un mito selvático, muy popular en la selvas del Carare en Antioquia. Personalmente pude comprobar un terrible alarido por cuatro veces en 1940 en otra región de Colombia, en las selvas de la cadena de Guayuriba, región de La Mistralia, en la zona comprendida entre los ríos Negro y Quenane en el departamento del Meta. Siempre aparece en noches de luna, cuando los monteros sólo temen a dos cosas: al tigre, que en tales noches sale a cazar, y al horrendo grito de La Llorona. La lógica indica que

---

23 Protectoras del orden natural en la mitología griega. Se las conoce también como Erinias, espíritus femeninos subterráneos, encargados de castigar a los que no han cumplido las leyes de la naturaleza.

24 Palabra que corresponde a la voz chibcha *mojas*, con que los muiscas designaban a sus sacerdotes y hechiceros.

el grito debe corresponder a algún tipo de animal, pero su efecto aterrador no permite verificar a qué pueda deberse, aunque debo decir que las dos últimas ocasiones que lo escuché, a pesar de haber sentido la misma conmoción escalofriante de la primera vez, hice una inspección del lugar para tratar de descubrir el animal que así grita (cuadrúpedo o ave) sin resultado alguno.

La Candileja o luz viajera es mito compañero de El Mohán y es una luz que aparece en las montañas y cementerios y cuya explicación se debe dar a algún viajero nocturno que fuma su tabaco o lleva una luminaria o a los fuegos fatuos que se ven en los cementerios campesinos y que son emanaciones de fósforo que salen de las tumbas y al contacto con el oxígeno del aire se encienden; este fósforo procede de los huesos enterrados o, a veces, de metales sepultados en las guacas indígenas.

Entre los mitos menores de la región andina se puede mencionar el de El Poira, en la zona del Huila y Tolima, si bien es mucho más frecuente en la región llanera, capítulo donde el lector podrá encontrar la descripción del mito. Aquí nos limitaremos a citar la elaborada por José Eustasio Rivera, en boca del peón Martín Lucuara, tomada de un fragmento del poco conocido relato "Esta vez sí era El Poira":

Ni yo mismo quería creer que El Poira existiera, porque hasta anoche mis tastaceos con él habían sido de lejitos, como la madrugada aquella que nos lo topamos en el peñón de las Margaritas mi compadre Edusmildo y yo. Bien clara questaba la Luna y el maldito bien visible que se veía en todo lo alto del peñón con el tiple en las manos, comu a sesenta metros de lejos. Era alto y bien parado, con el pelo abundoso y brilloso, porque dizque se lo peina con manteca de caimán. Vustedes saben que los tres oficios de El Poira consisten en salir a joder pescadores que no le ponen plomada de cobre a las atarrayas o salir en busca de muchachas que se lleva pa la cueva que tiene; o andar de noche río abajo sombrío y triste, como arrepentido de las pilatunas que ha hecho.

La Lengüilarga de Antioquia, que es compañera de El Hojarasquín del monte, es un mito menor que también pertenece a la selva; aparte de la notable longitud de su lengua, no conocemos descripciones especiales que se relacionen con ese nombre.

Entre las supersticiones se cuentan los duendes y los espantos, simples apariciones sin virtud maléfica que asustan a los viajeros tímidos, a los borrachos y aventureros nocturnos. Así, El Guando o Barbacoa es una camilla llevada por cuatro fantasmas que cargan en ella a un muerto; la Cabellona, La Rodillona, El Sombrerón, La Colmillona, La Tarasca, con las caracteríticas de sus nombres. La "Mula de tres patas" fue un espanto que aparecía a los habitantes del barrio de la Candelaria en Santa Fe de Bogotá, y seguramente correspondía a alguna bestia mular o caballar que de noche recorría las empedradas calles y a cuyo ruido de los cascos, en que posiblemente faltaba una herradura, se asociaba a la idea de una bestia de tres patas. Otros relacionados con esta clase de mitos son El cura sin cabeza, La mano peluda, El perro negro, El Chucho, La vieja Inés, El Mandingas o Enemigo malo, El pollo del aire, El Currucú y otros más.

Medicina popular

Los campesinos mestizos aplican con frecuencia a sus enfermos yerbas y extractos en forma de cocciones, infusiones, maceraciones, emplastos y pociones, entre otros. Heredados por tradición oral, tomados de las tribus indígenas antecesoras a su estirpe o cercanas a su ambiente, estos conocimientos se utilizan sin saber prácticamente nada acerca de las propiedades farmacológicas de los principios activos de muchas plantas y extractos animales. En medicina popular los más utilizados en la región son el "fute", la tela de araña y el polvo de los quicios.

Se llama *fute* a los hongos de penicilina que se forman en el maíz que, una vez pilado, se entierra debidamente envuelto y en pocos días produce una masa blanca de hongos que aplicada localmente en las heridas previene las infecciones o ingerida con miel durante los partos, evita la fiebre puerperal; también es aplicada en el ombligo del recién nacido como antiséptico. En cuanto a la tela de araña y al polvo de los quicios, éstos también contienen hongos, pero de terramicina o estreptomicina, eficaces aunque peligrosos por el bacilo tetánico que se halla en las tierras.

La savia del trompeto o sarno también se aplica como desinfectante y anestésico; igualmente conocidos y utilizados en la región andina son el borrachero o huanto, la yerbabuena, el toronjil, el apio, la salvia, el ruibarbo, la manzanilla, el romero, el tomillo, la higuerilla, y otras muchas plantas y yerbas que en dosis no excesivas pueden ser eficaces.

Comidas y bebidas

Este tipo de folklore, científicamente denominado como bromatología[25], comprende todos los elementos que constituyen la comida o la bebida típica de una región o un país. Debido a la gran variedad de alimentos y a su definida localización, se hace necesario subdividir la región andina, desde un punto de vista gastronómico, en las siguientes subregiones: Antioquia y

25 Del griego *brooma, broomatos*: alimento.

Gran Caldas; Santanderes; Tolima y Huila; Valle del Cauca, Cauca y Nariño; Boyacá y Cundinamarca.

Tal vez la alimentación más caracterizada de todo el país sea la correspondiente a la zona de Antioquia y el Gran Caldas; de gustos gastronómicos muy tradicionalistas, sus gentes han convertido el plato montañero, elaborado con frisoles cargamanto (rojos) acompañados de arroz blanco, carne molida, chicharrón, chorizo o morcilla, huevo frito, aguacate, tajadas de plátano maduro, patacones y arepa de maíz pelado, en la más famosa comida de su región, conocida en todo el país como la bandeja paisa. Algunos otros platos típicos de esta zona son las hojuelas de harina de trigo y la "ropa vieja", que es carne deshilachada mezclada con huevos batidos. En cuanto a las bebidas, suelen preparar mistelas de moras con aguardiente, avena, y como sobremesa del plato montañero, mazamorra de maíz endulzada con panela raspada, llamada "claro" cuando se consume sólo el caldo.

Los Santanderes poseen una rica variedad de platos, aunque posiblemente el más conocido sea la pepitoria de chivo, especie de picadillo hecho con base en las menudencias y las tripas del chivo y que se utiliza para acompañar el chivo asado. Importantes también en la alimentación de los santandereanos son el mondongo o menudo, la cazuela de conejo y, como herencia de los indios Guane, las hormigas culonas, que sólo aparecen durante los meses de marzo, abril o mayo. Son famosos el masato de Pamplona y los postres cucuteños, tanto como los insuperables y originales "bocadillos veleños" de Vélez, cuyo fragante sabor se debe a las hojas de "platanilla" en que se envuelven.

En la zona conocida en otros tiempos como El Tolima Grande se prepara, con lechonas vírgenes o lechones jóvenes y castrados que deben pesar como mínimo 25 kg, la célebre lechona tolimense. Su elaboración es algo complicada y larga, pero es un plato popular que se ha extendido a otras regiones del país. Otro emblema de la cocina regional es el tamal preparado con arroz seco, arvejas, maíz blanco, gallina, tocino, carne de cerdo, papas y condimentos; su envoltorio son hojas de plátano soasadas atadas con cabuya. Cabe mencionar también el caldo de pajarilla huilense, el viudo de bocachico o capaz, los envueltos de plátano maduro y los magníficos bizcochos de achira. En bebidas prefieren las mistelas de hierbas y aguardiente y el cacao.

Para la porción andina de los departamentos del Valle del Cauca, Cauca y Nariño existen gran cantidad de platos regionales entre los cuales se pueden mencionar como característicos los tamales y las empanadas de pipián (preparación hecha de papas coloradas, maní tostado y molido, hogao y achiote), el sancocho de gallina valluno, el pandebono, los lapingachos nariñenses, el chontaduro presentado como jugo, torta o abrebocas, y muchos más. Aunque cuentan también con diversidad de bebidas, sin duda la más popular y conocida es el champús, elaborado a partir de maíz, panela

La cocina del alto de Cuevitas. Dibujo de Riou.

en melado, pulpa de lulo y trozos de piña. El dulce más renombrado es el manjar blanco, que debe ser cocinado en paila de cobre sobre fuego de leña para que adquiera su sabor característico.

La diversidad de pisos térmicos del altiplano cundiboyacense permite que sus gentes disfruten de una amplia gama de platos típicos regionales, desde el magnífico viudo de pescado hasta el renombrado ajiaco bogotano. Muy populares son también las papas chorreadas, el cuchuco de trigo con espinazo de cerdo, los envueltos de mazorca, la longaniza de Sutamarchán (Boyacá), el chocolate santafereño que se acompaña con tamal bogotano o huevos pericos con mazorca y toda clase de colaciones, la sobrebarriga al horno o sudada y la fritanga. Las bebidas más importantes de la región cundiboyacense son el sabajón, que es una mezcla de aguardiente con yemas de huevo, leche y azúcar, el sorbete de curuba, y aun en algunas zonas campesinas la chicha de maíz fermentado. Los postres son verdaderas delicias culinarias y entre ellos podemos mencionar las brevas con arequipe, el dulce de papayuela, la cuajada con melado, el postre de natas y el dulce de feijoas.

Capítulo Tercero
Región caribe

*C*on una costa bastante irregular de unos 1.600 kilómetros de longitud sobre el mar Caribe –desde el cabo Tiburón, en el límite con Panamá, hasta Castillete, en la península de La Guajira–, abarca los territorios correspondientes a los departamentos de La Guajira, Magdalena, Cesar, Atlántico, Córdoba, Bolívar y Sucre; se excluye la zona antioqueña del litoral por estar polarizada a la mayor influencia de la región andina.

En su orografía se destaca el macizo de la Sierra Nevada de Santa Marta –asiento de las tribus Kogi, Sanká e Ijka de familia lingüística chibcha–, que posee los dos picos más altos del país, Bolívar (5.770 m) y Colón (5.800 m). En esta región se encuentra la ciudad con menor precipitación pluvial de Colombia, Santa Marta, con apenas 235 milímetros anuales, aunque también es de todos conocido el duro clima seco de La Guajira, cuya precipitación pluvial es igualmente muy baja, 330 milímetros con una humedad del 70%.

Como sucede en casi todas las regiones colombianas, más del 30% de la población costeña se concentra en las capitales y alrededor del 60% habita en las cabeceras municipales. De carácter alegre y descomplicado, el costeño del litoral Atlántico tiene muy señaladas diferencias con el del litoral Pacífico, más aislado aunque por ello folklóricamente más puro. En el territorio de la zona del litoral del Atlántico está asentada una población numerosa de gentes étnicamente conformadas por mayoría mulata y que constituyen por su conjugación social un bien equilibrado mulataje ya unificado, único en el país y tal vez en el continente.

Debido a su clima, en la región caribe se cultivan principalmente el algodón, el arroz, la palma africana, la yuca y el sorgo; abundantes son también las tierras dedicadas a la ganadería extensiva, en lugares como las sabanas de Bolívar y Cesar. La zona es rica en minas de carbón, sal y yacimientos petrolíferos y cuenta con importantes puertos marítimos en Barranquilla y Cartagena. Gracias a sus extraordinarios paisajes, su industria turística es igualmente muy destacada.

Juana.
Dibujo de A. de Neuville.

Folklore literario

Coplerío

Si te rallan como coco
y te botan el bagazo
y te queman como leña,
con la ceniza me caso.

Yo quiero aprendé pa boga
pero veo ques mal indicio
porquel agua tiene un vicio
quial que no nada lo ahoga.

La pava canta en la loma,
la perdiz en la cañada;
desengáñate negrito
porque conmigo no hay nada.

Me dicen la tierralita
porque soy cartagenera;
quien me lleve a la cumbiamba
me compra mi mazo e velas.

El burro que mi compadre
tiene en medio del corral
viene a ser por línea recta
su primo hermano carnal.

Dicen que mi garabato
lo tengo en el cocinao,
quien prueba mi arroz con coco
se come todo el pegao.

Cuando mi compae se muera
cuando yasté entrel cajón,
le pondré sus cuatro velas
y adentro su media'e ron.

En la calle Cuatro Vientos
hay dos cosas qui almirar:
las trenzas de Goya López
y el bigote de Marcial.

Tú dices que estás doncella
eso sólo Dios lo sabe,
el cura que te confiesa
y el que te torció la llave.

Una me dijo que sí
y otra me dijo que no;
yo me quedé sin saber
cuál de las dos me engañó.

Vendedor de agua en Cartagena.
Dibujo de A. de Neuville.

Refranes y dichos

Mentir y comer pescado, requieren mucho cuidado. Donde manda capitán no manda marinero. Saber y no recordar es lo mismo que ignorar. Aguacate maduro, hijo seguro. Tanto trabajó el padre que el hijo nació cansado. El caballo y la mujer al ojo se han de tener. Yo me llamo Juan de Orozco, que cuando como no conozco.

Adivinanzas

Un animalito inglés, camina y no tiene pies. (El tren.) María Palacho tuvo un muchacho, nadie ha sabido si es hembra o macho. (El huevo.)

Folklore musical

Principales instrumentos

Sin duda los instrumentos más notables en la región son las flautas de pico o de fotuto[1] mal llamadas "gaitas" (macho y hembra) copiadas o adoptadas de las originales *kuisis* de los indios Kogi de la Sierra Nevada de Santa Marta. La *kuisi sigí* tiene dos orificios digitales y la *bunzi*, cinco. Se fabrican de corazón de cardón llamado guamacho, un cactus típico de las zonas áridas al que se coloca en el extremo superior un fotuto de cera de abejas provisto de una plumilla de pavo o guacharaca para insuflar el aire. Se acompañan siempre de una maraca caribe llamada entre los Kogi *tani* y entre los Cuna del Darién *nasisi* para acompañar a las flautas de ellos que son las *suaras*, idénticas a las ya nombradas. En el Cesar existe otro instrumento notable que es el arco de boca de los indígenas Yuco-motilón llamado *sokske* que es un monocordio[2] que se toca con una varita formada por la vena central de la hoja de la palma amarga para que vibre la cuerda o napa, formada por la vena central de la palma real. La vibración de esta cuerda tiene que resonar en la propia boca del ejecutante que se acerca abierta a la cuerda y se oprime ligeramente con los labios. Para frenar la vibración se acerca a la napa o cuerda un palito de guayabo o chonta. El arco se forma con una vara de negrillo o guayabo curvado con la napa o cuerda. Otro instrumento notable en la región es el tambor "pechiche" del Palenque de San Basilio, al sur de Cartagena. Mide dos metros de largo y se apoya en una horqueta para

---

1 Instrumento de viento que produce un sonido fuerte.
2 Instrumento musical que sólo tiene una cuerda.

INSTRUMENTOS DE LA
CUMBIA CLÁSICA

Maraca caribe (Tani)

Gaita hembra
(Kuisi bunzí)

Gaita macho
(Kuisi sigí)

INSTRUMENTOS DE LA
CUMBIA MODERNA

Guacha

Caña de
millo

Tambor alegre

Maracas

Tambor llamador

INSTRUMENTOS DEL
VALLENATO

Tambora o bombo

Acordeón de botones

Guacharaca

Caja vallenata

tocarlo. Un instrumento aculturado y de origen europeo es el acordeón de botones usado en los cantos vallenatos para llevar la melodía en contracanto.

Tonadas y cantos

La más importante por ser tonada-tipo de la región es la cumbia[3], aire zambo formado por melodía indígena y ritmo de tambores negros. La cumbia clásica nunca se canta y es solo danza y toque instrumental. Según Aquiles Escalante, buena autoridad en la materia, el instrumental auténtico de la cumbia consta de dos tambores, una tambora o bombo, guacha[4], una maraca y una caña-de-millo.

En cambio, otras variantes de la cumbia sí son cantadas, como el bullerengue, el mapalé, los porros, la saloma y la malla.

El *bullerengue* o *bullarengue*, como se lo conoce en Cartagena, es cumbia danzada sólo por mujeres. Durante los festejos de la cumbiamba popular en donde se interpretan variedad de aires (cumbia como tonada-base, mapalé, fandango, porros y otros más), las mujeres, especialmente las de las clases urbanas, que ocasionalmente con la celebración se encontraban embarazadas y no podían disfrutar plenamente del jolgorio colectivo, idearon una forma discreta de participación que consistía en realizar en los patios o en las vecindades de sus casas, una danza grave y reposada con movimientos de los brazos por abajo y en evoluciones circulares o de vaivén tomándose del ruedo de la falda o batiendo palmas.

Su atuendo se identifica también con los grandes camisones de maternidad y la cintura abombada común en el traje típico del bullerengue actual. Precisamente la voz *"bullarengue"* significa polisón, que además de ser el armazón que se ponían las mujeres para que los vestidos se abultasen por detrás, se relaciona también con falda de maternidad.

Los *porros*, llamados "puya" y "gaita" son modalidades de ejecución y en el primero llamado también porro tapao, a cada golpe de la porra en un parche del tambor se frena el parche opuesto para que no vibre, acción que se conoce como "tapar". En la gaita, a cada estribillo se golpea el aro del tambor o bombo con dos palitos a modo de cencerro y por ello se llama también "porro palitiao". *Saloma* y *malla* son variantes de porro usadas en la marinería.

Hay también en esta zona –muy rica musicalmente– los cantos de vaquería, arreo y ordeño o de labor llamados zafras. Además en las comarcas

---

3 El nombre *cumbia* es apócope de *cumbiamba*, término que debe tener relación con la voz antillana "cumbancha", que en Cuba significa jolgorio o parranda. Ambas se derivan de la voz negra *"cumbe"*, danza.

4 Sonajero de metal.

de Cesar, Magdalena y La Guajira están los cantos llamados "vallenatos" (por Valledupar) y que son: El "son", el "paseo", el "merengue" y la "puya"; según Consuelo Araújo de Molina, en su obra *Vallenatología*, el son es lentísimo, el paseo es lento, el merengue un poco más rápido y la puya más acelerada.

Ninguno de los aires vallenatos tiene una danza propiamente dicha. En ellos se cantan los sucesos más destacados de las provincias a modo de un periódico cantado o tradición oral. En La Guajira son propias de las tribus Wayúu las *massis* de donde se copió la caña-de-millo usada en las cumbias modernas de la región caribe.

Folklore coreográfico

Trajes típicos

En el hombre se usa para las danzas el pantalón blanco y la camisa sin cuello, el sombrero de palma llamado "vueltiao" o "concha de jobo", la mochila de colores vivos y en la mujer la blusa de manga corta, falda amplia con randas o faralaes, flores en el pelo y pies descalzos o con cotizas o sandalias de cuero. En el desarrollo de algunas danzas como la cumbia, la mujer lleva un mazo de velas encendidas porque es danza nocturna o playera.

Danzas y juegos coreográficos

Los juegos danzados de esta región son diez y nueve pero sólo trataremos seis de ellos: cabildantes, pájaros, corralejas, coyongos, garabato y goleros.

Los *cabildantes* tienen un carácter de danza de carnaval y representan agrupaciones de ancestro africano como son carabalí, mandinga, congo y mina. En estos cabildos las negras esclavas rivalizaban en lujo de vestuario y riqueza de joyas y adornos, todo gracias a que sus ricas amas blancas prestaban dichos elementos mientras duraran las festividades. En ellas se nombraba un rey, reina a veces, princesas, ministros, pajes y demás cortesanos, ataviados con la moda de la época. Dice el folklorólogo Manuel Zapata Olivella:

> ...El rey ejercía ampliamente sus funciones de tal, ostentando un dominio absoluto. Había consejeros que juzgaban a los prisioneros; conceptuaban sobre la conveniencia de entablar alianzas con los cabildos vecinos o si se les declaraba la guerra. Las fronteras de los barrios, bien delimitadas, no podían ser impunemente violadas. Al infractor se le conducía ante el trono y se le juzgaba. Se hacía acreedor

a alguna pena... que se podía eludir mediante el pago de una suma de dinero. En últimas cuentas, era éste el propósito de todo el reinado, pues con el valor de estas multas se sostenía el ceremonial: las bebezonas, bailes y demás ceremonias[5]....

Los *pájaros* es una fiesta originaria del barrio de San Pacho en Barranquilla, que se acompaña por un rústico conjunto musical, donde suenan el tambor macho, un acordeón, una guacharaca y una caña-de-millo. Según la versión de un cronista local, es tan antigua como el carnaval mismo:

Cuando asomó el presente siglo, ya se enseñoreaba Barranquilla con la musicalidad de sus cantos y la cadencia de sus bailes, ejecutados con maestría por rústicos artistas. La trama del conjunto era muy sencilla: unos 15 hombres disfrazados de pájaros de diversas especies y un cazador con grandes botas, escopeta al hombro y tocado con un sombrero alón y picaresco. Los pájaros van enfundados en una especie de bolas o bombachas de raso de varios colores, remedos de alas en las mangas y caretas de elaboración casera, semejando colibríes, cucaracheros, turpiales, canarios, rositas, pelícanos, etc. Durante el juego baten las alas, saltan en todas direcciones, silban y trinan mientras cada uno va cantando coplas de la vida campesina.

El cazador amaga disparos, se esconde, busca ubicación. Las aves se defienden con la habilidad y rapidez de su baile. Los tambores suenan y resuenan. El cazador, borracho de ron blanco, se retira con las manos vacías y empiezan los versos sencillos, ingenuos y acoplados a la fuerza para la consonancia:

> Yo soy el pájaro pinto
> y vengo de Zapatoco;
> traigo una flor en el cinto
> y otra en el jo...ropo.

Otro dice sin dejar de bailar:

> Hace como cuatro meses
> que de Soledá salí
> y si así sigue esta vaina
> paro la mota y me voy de aquí.

---

5   *El Tiempo*, Bogotá, 26 de noviembre de 1961.

Cumbia. Bullerengue. Wayuú (La Guajira)

El cazador a su vez, dice sin cuidar demasiado el ritmo poético:

> Estas malditas garzas
> ya me tienen aborchornao;
> no hacen sino llegar de noche
> y todo el árbol de mango
> me lo tienen salpicao.

Los pájaros caen al final doblegados por los disparos del repuesto y traicionero cazador, quien por últimas cobra su recompensa al dueño de la casa en ron blanco.

Las *corralejas* son un festejo popular en Córdoba y especialmente en Sucre y Montería, donde específicamente se las conoce desde 1914. En este evento de lidia de toros bravos, las gentes pretenden demostrar su vitalidad y coraje enfrentándose con el animal con mantas multicolores, razón por la cual son conocidos como "manteros". Los más valientes son premiados con aplausos y dinero que reparten desde las tribunas, las que por cierto suelen ser construidas en forma circular con base en horcones, varetas, listones y tablas con techumbre de hojas de palmito, no siempre seguras para los espectadores. A diferencia de las corridas de toros españolas, aquí no se da muerte a las reses; al finalizar las corralejas se da inicio a un fandango o baile colectivo que se prolonga durante toda la noche.

Los *coyongos* es un juego coreográfico en el que los danzarines imitan el vuelo de estos pájaros, aves zancudas del orden de las cigüeñas, de pico muy largo que hacen sonar como castañuelas. Algunos de los personajes que participan en el juego son el coyongo rey, el pato cucharo, las garzas blanca y morena, el cazador, el pez y animales ribereños.

Establecen diálogos graciosos y danzan al compás de acordeón y tambor. Los danzarines, a más del traje de amplias mangas que simula alas, llevan un gran pico labrado de madera que se colocan entre el cuello de la chaqueta y les cubre la cabeza; el pico tiene, como curiosidad adicional, ciertas articulaciones que permiten abrirlo y cerrarlo con una cuerda.

El *garabato* es una danza macabra, imitación de las de la Edad Media y en ella el garabatero simboliza la muerte portadora de una guadaña con la que va atrapando a los bailarines.

Los *goleros*[6], juego coreográfico con probable origen en algún cuento folklórico de tradición oral, es la historia de un burro flojo que decide no trabajar más y echarse a dormir. Al dormir sueña que los gallinazos,

---

6 Nombre que se les da a los gallinazos en esta región.

seguidos por su rey y por la "laura", que es su compañera, van a comérselo. El dueño del burro es un cazador que ha resuelto abandonarlo en vista de su inutilidad, pero al observar que el sueño del burro se ha convertido en realidad y va a correr una suerte lamentable, se presenta con su perro e interrumpe el festín que está a punto de comenzar.

El juego termina con la reconsideración del burro para volver a trabajar y servir así al amo que le salvó la vida. Los goleros se acompañan generalmente con música de las dos variedades del porro (gaita o puya).

Los otros juguetes coreográficos son: caimán, camisas, congo grande, diablos espejos, indios bravos, indios farotos, langosta, maestranzas, paloteo, payandé, pilanderas, toritos y el carnaval que se describe en el apéndice dedicado a las fiestas más importantes de Colombia.

Folklore material

Artesanías

Con respecto al algodón son notables San Jacinto y Mompós en Bolívar; El Banco y Guamal en Magdalena y La Alta Guajira. En arcilla se destaca Malambo en Atlántico. En concha, toda la zona marítima del caribe; en fique, Atánquez en Cesar y La Junta en La Guajira. En lana, San Sebastián de Rábago en Cesar y La Sierrita en La Alta Guajira. En metales finos, Mompós y San Sebastián en Bolívar. En paja y caña, Usiacurí en Atlántico y Montería (sombrerería) en Córdoba, así como La Guajira.

Mitos y supersticiones

Según la mitología del grupo tribal de los Kogi de la Sierra Nevada, recogida por el profesor Reichel-Dolmatoff, el origen de la humanidad está íntimamente ligado con el crecimiento de la "mata de auyama", cuyo tronco es la divinidad suprema: la Madre. A medida que esta mata extendía sus ramas, abarcando un territorio más extenso, producía frutos o linajes, en otros términos individuos y familias que luego poblaron los valles de la Sierra, separándose de su antiguo lugar de origen, aunque de todas formas siempre unidos a él. La Madre es pues la creadora del universo entero y todo lo que lo conforma ocupa un puesto en este enorme árbol genealógico. Según el mito, no existe una línea divisoria estricta entre el hombre y el animal y de hecho para los Kogi los animales hablan, piensan y tienen "aluna" o espíritu.

Mochila costeña . Hamaca de Morroas (Sucre). Gorro, poporos y mochila de la Sierra Nevada.
Sombrero de vueltas o vueltiao.

La Bramadora o Bracamonte es un baladro[7] o bramido que espanta a los ganados en las cercanías del monte y anuncia las pestes de los hatos. Como se le atribuye la muerte de las reses, las gentes utilizan para contrarrestarlo una calavera de vaca que, ensartada en un palo, se coloca mirando hacia el monte más cercano, de donde se supone que ha salido.

El Gritón es personificación de los tornados, tempestades y borrascas del Caribe y parece identificarse con Hurakán. Como supersticiones se destacan las derivadas de la comarca antillana, usuales entre los negros afroamericanos.

Medicina popular

Como sortilegios médicos el más notable es el de los piaches guajiros y, entre los indígenas Arhuaco de la Sierra Nevada, las curaciones mágicas de los brujos o "mamas" que atribuyen los males al *pangao* o *maranguango* (el mismo borrachero), que según ellos ha sido dado de beber o comer al enfermo; también entre los Arhuaco, el consumo de la coca, tan común en la Sierra Nevada, sólo puede ser permitido por el mama. En palabras del profesor Reichel-Dolmatoff:

...entre los Kogi de la Sierra Nevada de Santa Marta el uso de la coca tiene un alcance expresivo muy religioso y su ritual es equivalente a la iniciación sexual, confundiéndose extrañamente el manejo de los utensilios de tomar la coca con las ideas de copulación.

El tabaco es utilizado en preparación de "manilla" usado por los piaches. El *uscharín* o algodón de seda es muy abundante en la región caribe como tóxico y veneno de flechas.

Comidas y bebidas

La cocina costeña posee deliciosos platos basados en los frutos del mar, aunque también cuenta con excelentes carnes provenientes de las sabanas de Bolívar. Las comidas más populares en la región caribe son, entre otras, el arroz con coco de Cartagena, el patacón, el ñame, el bollo limpio que es un amasijo de maíz pilado y queso; la yuca, la auyama, el ajonjolí, la carne de chivo en el Cesar y La Guajira y el arroz con mariscos. Muy conocidos también son el mote de queso preparado con ñame pelado y picado, queso criollo y suero (leche cortada con sal, que se deja en reposo durante dos días); el arroz con chipi-chipi, la arepa de huevo y las carimañolas, especie de pastelitos de arracacha rellenos de carne de cerdo. Entre las bebidas predomina el ron blanco o el gordolobo y el guarapo costeño (agua de panela con jugo de limón). En la península de La

---

7 Grito, alarido o voz espantosa.

Guajira se utiliza una gran variedad de carnes, algunas de ellas bastante exóticas para otras regiones del país: chigüiro, morrocoyo, guatinaja, tortuga, armadillo e iguana, para citar sólo algunas de ellas.

Para aquellos interesados en el tema gastronómico, transcribimos aquí una apetitosa receta típica en el departamento del Magdalena, con el curioso nombre de "Camarones en apuro":

Ingredientes

2	libras de camarones cocidos y pelados.
4	cucharadas de aceite de oliva.
4	cucharadas de pan rallado.
2	tazas de salsa de tomate.
1/2	cucharadita de tomillo.
2	cucharadas de jugo de limón.
	Hojas de lechuga.
	Sal y pimienta al gusto.

Preparación

Se sofríen los camarones en el aceite, se les rocía el pan rallado, se revuelven, se agregan la salsa de tomate, el tomillo, el limón, sal y pimienta. Se revuelve bien y se sirve caliente (o frío sobre las hojas de lechuga).

Mercado de Cartagena. Dibujo de A. de Neuville.

Capítulo Cuarto
Región pacífica

*R*egión limitada por el departamento del Chocó y la región costanera occidental de los departamentos de Valle del Cauca, Cauca y Nariño. Su costa mide 1.300 km de longitud y es en general baja, húmeda, cenagosa e insalubre.

Algunas partes de la selva chocoana reciben 12.000 milímetros anuales de precipitación pluvial, una de las más altas del mundo. A pesar de la enorme dificultad para construir puertos adecuados, debido a que las mareas de esta región pueden alcanzar hasta seis metros, cabe mencionar los de Buenaventura y Tumaco como los más importantes sobre la costa del Pacífico. La región posee grandes extensiones de bosque primario, con excepción de las franjas correspondientes a los departamentos del Valle del Cauca, donde ha florecido una pujante industria agrícola, y de Nariño, que posee bosques intervenidos y algunos cultivos de palma africana.

En la zona encontramos una población escasa de gentes étnicamente conformadas como mulatos de predominio negro y algunos núcleos puros como raza negra, pues su mulataje se ha retrasado notablemente a causa del aislamiento relativo de las regiones costeras del Pacífico, especialmente en el Chocó. Dicha incomunicación, paradójicamente, ha servido para que, desde un punto de vista folklórico, la cultura popular de las gentes del Pacífico se haya conservado bastante más pura que la de otras regiones de Colombia.

En cuanto a su geografía económica, la región tiene un comportamiento desigual, ya que la franja del Valle del Cauca es claramente más desarrollada que sus vecinas; en este territorio se encuentran plantaciones de arroz, algodón, sorgo, frutales y pastos para ganadería, entre otros. El departamento del Chocó tiene una economía de subsistencia, bajo ingreso familiar, altos índices de morbilidad, analfabetismo y una precaria infraestructura física. A pesar del abandono y la inexistencia de vías, el Chocó es uno de los departamentos más ricos del país en yacimientos de oro y platino. En términos generales, se explota la riqueza maderera y la agroindustria.

Indios del Chocó. Dibujo de A. de Neuville.

Folklore literario

Las gentes de esta región han conseguido a través de sus tradiciones orales, bien sea en coplas, relatos y décimas, ejercer una especie de revancha en contra de la dominación y la pobreza. Al igual que en sus aires musicales, el folklore literario de la región del Pacífico posee un fuerte sincretismo europeo y africano.

Coplerío

Yo soy el Enriquecito
de la boca e'culebrero,
el que me masca me traga
y el que no, me pasa entero.

Es mi novia la palanca,
mi padrino el canalete,
mi parienta la batea
y mi hermanito el machete.

Adiós quebradita jonda,
remolino de Beté
donde canta la paloma
y el pájaro diostedé.

En la lengua de los cholos
plátano es patacorá,
la pava llaman tusí
y el paletón quinguará.

Mi canalete es chachajo,
mi potro de chibugá,
mi palanca de pisoje
cuando voy a enamorá.

En la puerta'el injierno
parió mi suegra:
veinticinco lagartos
y una culebra.

Refranes y dichos

Negro con saco, se pierde el negro y se pierde el saco. Al cura oírle la misa y sacarle el cuerpo.

La cachimba y el tolito
se fueron a Paloseco;
la cachimba iba preñada
y el tolito iba culeco.

La mojarra y el nicuro
hicieron un trabajito:
la mojarra descansando
y el nicuro sentadito.

Estos dos últimos ejemplos son refranes o dichos descritos en coplas.

Adivinanzas

Chiquito como un cangrejo, cuida la casa como un hombre viejo. (El candado.) Mi comadre larga, larga, que camina con la espalda. (La canoa.)

Folklore musical

Principales instrumentos

Sin lugar a dudas el más característico es la marimba de chontas. Musicalmente es un xilófono (maderas sonantes) que existe en todos los cinco continentes. En Europa, el xilófono griego perdura en Francia con el nombre de *clacque-bois* o *échéllettes*; en África, como *balafón* o "búfalo" de los mandingas pero que lleva calabazos en vez de guaduas. En Oceanía se llama *gamelán* y hoy es un metalófono. En América existió entre el pueblo Maya de Yucatán con el nombre de *nimae k'ojon tepunawas* o de "malimba"; de Guatemala, país de los mejores marimberos del mundo, pasó a México con el nombre de "cuache" y lo hay de tablillas o de calabazos (tecomates). Este es el que llegó a Colombia y se aclimató en el Chocó en donde es la base instrumental de los currulaos. Aquí tiene el nombre de "marimba", palabra que procede del dialecto indígena *cakchiquel*. Se trata de una mesa formada por un cuadro de varas de chonta, irregular, sobre el cual se extiende una repisa de tablillas de madera de palma chonta ordenadas por longitudes desde 20 a 70 cm. Estas tablillas son veinticuatro (tres octavas); las ocho más largas se llaman bordones y dan los sonidos graves. Las 16 más cortas se llaman tiples y dan los sonidos agudos. Colgada esta mesa de unas vigas se ejecuta golpeando las tablillas con tres mazos delgados o tacos provistos de una bola de caucho en el extremo. Un tocador lleva un solo taco y golpea los bordones por lo que se llama bordonero (acompañante) y otro tocador (llamado tiplero) toca los tiples o tablillas cortas para dar con dos tacos la melodía siempre con una tablilla de intermedio. Es usado para las músicas típicas de la región que son el currulao y sus cinco variantes y no para las músicas aculturadas que usan otro conjunto instrumental llamado "chirimía chocoana". El marimbero se acompaña con otro conjunto que está formado por dos tambores cónicos (cununo macho y hembra), varios guasás (sonajas tubulares de guadua), una tambora y un redoblante. Para las aculturadas se usan: tambora, redoblante, platillos, clarinete o fliscorno o bombardino para la melodía, es decir, un rezago de antigua banda militar o de vientos.

INSTRUMENTOS DEL
CURRULAO

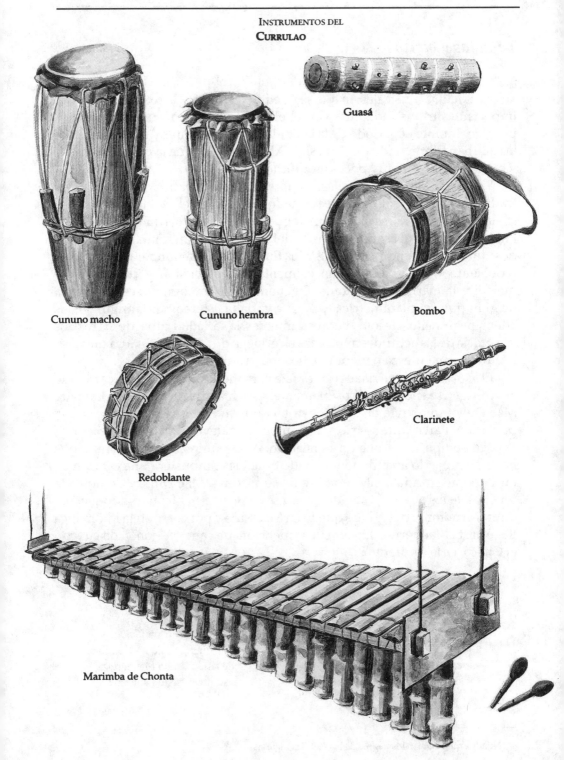

Cununo macho

Cununo hembra

Guasá

Bombo

Redoblante

Clarinete

Marimba de Chonta

Tonadas y cantos

Más que ninguna otra región del país, el litoral pacífico es abundante en aires y tonadas musicales, lo que se puede explicar por la reunión de cuatro importantes tribus indígenas con el elemento africano, cuya afluencia se produjo durante el período de la Colonia, y con los cantos y danzas españoles que han sobrevivido desde el siglo XVI enclavados en la población negra y conservados con muy pocas modificaciones.

La tonada-base es el *currulao*, nombre que al parecer proviene del tambor tradicional de un solo parche llamado *cununo* y del adjetivo *cununao* o *cununado* para referirse a todos los toques y danzas en las que participa este tambor; de hecho, el soporte rítmico del currulao lo dan fundamentalmente dos cununos (macho y hembra), a los que se asocia la tambora o bombo, el redoblante y los guasás como elementos de percusión y para la parte melódica la marimba de chonta. En cuanto a su coreografía, es una danza de gran riqueza planimétrica (pasos) y variada estereometría (figuras); los ademanes esbeltos de los hombres y mujeres, la seriedad ritual de los rostros y la gracia de las actitudes ayudadas en el juego de los giros por los pañuelos, le otorgan una fuerza o vigor plástico muy rotundo.

El *makerule* o *maquerule* es una danza parsimoniosa de ancestro cortesano cuyo origen se encuentra, posiblemente, en la historia de un gringo llamado Mac Duller que vivía en Andagoya y era dueño de una panadería en esa población. Parece que su excesiva confianza lo llevó a fiar sus productos y, al poco tiempo, a la ruina de su negocio. A tal punto llegó su pobreza, que hasta su mujer lo abandonó y no faltó quien le compusiera una canción de burla popularizada con el nombre de su víctima: Mac Duller. Como en la fonética de los negros el sonido de la *d* se convierte en *r* (con sonido sencillo de ere) el nombre del gringo quedó en Mac Rule y por corruptela idiomática llegó hasta Maquerule. La letra de la mencionada canción, conocida en todo el Chocó, es la siguiente :

Míster Mac Duller era un chombo[1]
panadero en Andagoya;
lo llamaban Maquerule.
Se arruinó fiando mogolla.

Maquerule amasa el pan
y lo vende de contado;

Maquerule ya no quiere
que su pan sea fiado.

Maquerule no está aquí,
Maquerule está en Condoto
cuando venga Maquerule:
su mujer se fue con otro.

[1] Nombre que recibían los negros de las Antillas inglesas.

Estribillo:

Póngale la mano al pan, Maquerule,
póngale la mano al pan pa que sude.

Pin, pan, pun, Maquerule, pin, pan, pun,
pa que sude, pin, pan, pun, Maquerule,
pin, pan, pun.

El *aguabajo* recibe posiblemente este nombre por ser una tonada que se ejecuta cuando se baja por los ríos en las embarcaciones tradicionales de la región. Lo anterior equivale a considerar el aguabajo como un "canto de viaje" o "de bogar", muy común en los litorales, no sólo en el ámbito mulato, sino en el indígena. Aunque algunos autores sostienen que el aguabajo guarda muchas similitudes con el bambuco y la jota chocoana, nosotros creemos que la tonada-base de currulao es la que informa de modo preponderante toda la música mulata de este litoral, aun a los bambucos que llevados del Cauca, Valle del Cauca y Nariño a la parte occidental de esos departamentos, se enquistaron en los ritmos trepidantes del currulao.

La *juga* es una corruptela léxica de "fuga", por referencia al juego de las dos voces que intervienen en el canto; así que un currulao, patacoré o berejú (aire muy similar al patacoré), pueden ser cantados en "aire de juga", cuando las dos voces se alternan en la copla y el estribillo respectivamente, para hacer una especie de responso o diálogo cantado muy común entre los negros y aun entre los indígenas. De un currulao que se cantaba en localidades cercanas a Buenaventura y cuyas características correspondían a las descritas como de juga, transcribimos algunos versos.

La primera voz dice:

Recuerdo cuando pusiste
tu mano sobre la mía
y llorando me dijiste
que nunca me olvidarías.

La segunda voz responde:

Y me voy y no vuelvo má.

Innumerables cantos dialogados son llamados "aire de juga" y es frecuente oír en la región "bunde en aire de juga", por ejemplo.

Igualmente se usan el *patacoré* [2] que es currulao rápido, el *berejú* que es lento, la *bámbara negra* y la *caderona*. Otros aires son: pango, andarele, madruga, tiguarandó, saporrondó, calipso chocoano, tamborito chocoano,

---

2   Voz en lengua de los Cholo o Emberá que designa al plátano.

caramba, pregón, bundes y chigualos. Además las supervivencias hispanas del canto llano o gregoriano del siglo XV que son: alabaos, salves, villancicos, loas, trisagios, arrullos o arrorrós y los romances. Todos únicamente vocales, a capella, pues no llevan instrumentos ni danza. Otras supervivencias europeas son las llegadas en el siglo XVI como danzas cortesanas (danza, contradanza, polka, mazurka, jotas).

Folklore coreográfico

Trajes típicos

Representados por camisa sin cuello pues lleva pañuelo, franela en vez de camisa, pantalón a media canilla y de lona o lienzo, pies descalzos; en la mujer, un simple batón a media pierna y flores en el pelo.

Danzas y juegos coreográficos

Todas las danzas enumeradas son colectivas y otra tomada del río Magdalena, que es el *abozado*, lleva danza muy original y expresiva y se hace en pareja. Citaremos aquí las rondas de juego bautizadas con el nombre genérico de bundes, que son: la *canoa Paula*, el *florón*, la *Margarita Patiana*, el *bambazú* y la *mina*.

La *canoa Paula* es un juego (lúdica infantil) formado por una fila india mixta; mientras cantan los niños van haciendo inclinaciones del cuerpo a ambos lados con ritmo de canoa en mar picada. Cuando por inclinarse demasiado a un solo lado caen de la fila, la Paula, personificación de la canoa en una niña, toma un canalete y persigue al responsable de la caída.

El *florón* es una variante de la "correita" o la "víbora". Todos los niños en rueda mixta, y por fuera de la rueda, uno cualquiera que representa al florón va dando vueltas hasta colocar el florón detrás de uno de los niños y huir gritando mientras el otro le persigue y si no lo logra pasa a ser el florón.

En la *Margarita Patiana* la ronda colocada en círculo alrededor de una niña que es la margarita, todos sentados; la rueda representa los pétalos de esta flor. La niña central canta en diálogo con el grupo y termina haciendo una pantomima que consiste en colocarse una mano entre los dos ojos y hacer a un lado gesto de alegría y al otro de llanto; si lo hace bien, gana puntos en el juego y otra niña pasa a ser la margarita por conteo de suerte.

El *bambazú* es una pantomima, especie de tarantela o picado por tarántula o araña venenosa, con convulsiones y gestos.

Currulao.
Chirimía del Chocó.

La *mina* es canto dramatizado del minero esclavo negro que se rebela contra el patrón don Pedro. El canto se hace entre el solista y el coro:

Solo:

Y aunque mi amo me mate
a la mina no voy,
yo no quiero morirme
en un socavón.

Coro:

Don Pedro es tu amo
y él nos compró.
Don Pedro es tu amo
y él nos compró.

Solo:

Se compran las cosas
¡los hombres no!
Se compran las cosas
¡los hombres no!

Coro:

Tú eres su esclavo.

Solo:

¡No, mi señor!

Coro:

Tú eres su esclavo.

Solo:

¡No, mi señor!
Y aunque me aten cadenas
esclavo no soy.
En la mina brilla el oro
al fondo del socavón,
el blanco se lleva todo
y al negro deja el dolor.
El blanco vive en su casa
de madera con balcón,
y el negro en rancho de paja
con un solo paredón.
Cuando vengo de la mina
cansado del barretón,
encuentro a mi negra triste,
abandonada de Dios.
Y a mis negritos con hambre
¿por qué? esto pregunto yo.
Y aunque mi amo me mate
a la mina no voy,
yo no quiero morirme
en un socavón.
Y aunque me aten cadenas
esclavo no soy.

Otros bundes son: balsadas, buluca, chocolate, jugar con mi tía, pelusa, punto, trapichito, laurel, adiós tía Cotí, batea, quilele.

Folklore material

Artesanías

El litoral Pacífico es notable por el trabajo de metales finos en Istmina, Andagoya, Condoto y Quibdó en el Chocó y Guapi en Cauca. En paja se trabaja en Sandoná (Nariño) y Guapi (Cauca).

Mitos y supersticiones

El Hojarasquín del monte tiene entre los indígenas Noanama de esta región un similar que es El Pulvichi. La Tulivieja de los Cuna del Darién es similar a La Llorona de la zona andina y llanera. De El Gritón hay una identificación con el personaje que nuestras gentes dicen haber oído en los farallones del Citará, según informa el maestro pintor y escultor Pedro Nel Gómez, como concepción clásica de los huracanes. Las supersticiones son muy abundantes en la región por el ancestro africano de sus pobladores.

Medicina popular

En las zonas indígenas de esta región (Catío, Cuna, Noanama y Emberá), el uso del "pildé" o borrachero, o tonga, es frecuente por parte de los jaibanás o hechiceros, que ofician como intermediarios entre el individuo y los espíritus. El uso de la nyaara o veneno de árbol, del fiú-fiú o veneno de rana negra es frecuente entre estas tribus para envenenar flechas. Las comunidades negras utilizan sus abundantes conocimientos sobre el ambiente de la selva húmeda tropical, tanto como los ritos mágico-religiosos para la curación de sus enfermos. El tabaco también tiene aplicaciones medicinales, además de otras muchas formas de utilización.

Comidas y bebidas

La región del Pacífico es la más abundante de Colombia en pescados de río y de mar y por tanto su riqueza gastronómica gira en gran medida en torno a estos productos. También su cultura culinaria ha permanecido aislada, a pesar de ser imaginativa y extraordinariamente particular. Como ejemplos de su cocina podemos citar diferentes preparaciones con base en el arroz: atollado con jaibas; de almejas; de chambero[3]; con calamares en su tinta y otros. También se consumen calamares rellenos de arroz, huevos y guiso; pescado con lulo chocoano; pusandaos (preparaciones de bagre, pargo o corvina con papas, yuca y leche de coco). Cabe resaltar el uso casi exclusivo de las semillas de chontaduro, el plátano, el maní, las piangüas u ostras de mar entre la población negra, así como las pepas de pan o panas, o el cacao blanco entre los Cuna (chucula) mezclada su harina con la del maíz. Como bebidas las chichas de maíz, de chontaduro, de plátano, etc., y el aguardiente verde llamado "viche".

---

3 Camarón pequeño de río.

Canastos de guerre guerre.
Bastones de mando.
Molas.
Canasto Cundú.

Capítulo Quinto

Región llanera

$\mathcal{V}$ astísima llanura que se extiende a partir de las estribaciones de la cordillera Oriental hasta Venezuela, es la que conforma la región de los llanos; está surcada por grandes ríos como el Arauca, con una longitud de 225 km y un curso navegable desde la población de Arauca hasta su desembocadura en el Orinoco; el Meta, que nace en el páramo de Chingaza y en su recorrido forma numerosas islas; el Vichada, el Guaviare y el Guainía (en su vertiente del Orinoco), y el Vaupés, el Apaporis, el Putumayo, el Negro y el Caquetá (en su vertiente del Amazonas). La vegetación dominante es de pastos mejorados, pastos naturales de cobertura densa sin prácticas agronómicas, bosques intervenidos y selva. Las gramíneas y herbáceas ocupan el 85% del total del territorio llanero. El clima de la Orinoquia está determinado por períodos secos y lluviosos claramente definidos, con una temperatura media de 27 °C.

En orden a la orografía debe destacarse como belleza natural la Sierra del Duda o de la Macarena, situada al suroeste del departamento del Meta, "un tesoro del mundo" como la llama el biólogo Joaquín Molano Campuzano y que a más de ser un ecosistema de incalculable valor ostenta en la primera angostura del río Guayabero numerosos petroglifos, vestigios de una antigua civilización; geológicamente forma parte, según se cree, del escudo guayanés, de formación más antigua que los Andes. Por la excepcional variedad de su flora y fauna, se le declaró reserva nacional desde 1948.

La población asentada en los tres llanos es de tipo mestizo predominante y de conformación variada por efectos de la colonización. La gran mayoría de inmigrantes es de origen andino, y dentro de éstos, cerca de la mitad proceden del Tolima.

La economía de la región gira en torno a la ganadería principalmente, siendo el número de cabezas casi la quinta parte del total nacional; también se pueden encontrar extensos cultivos de arroz y palma de aceite. En las últimas décadas la explotación petrolífera ha crecido a tal punto que ya en 1986 se extraía algo más de la mitad del total producido en el país.

Villavicencio y los llanos. Dibujo de Riou.

Folklore literario

Es común encontrar en la región llanera magníficos ejemplos de relatos, de los cuales reproducimos textualmente uno, oído al vaquero araucano Romualdo Vigó:

Íbanos los tres pa Tauramena cuando, a lorilla diun bebedero vimos al güio que taba sestiando; Mauropardo se liarrimó y el güio comenzó a echarle el vaho, jalándolo pa jartárselo; entonces Ramoncito y yo sacamos las peinillas y le dábamos al vaho y sonaba comu alambrada de púa; las peinillas se amellaron y el güio cada vez jalaba más a Mauro pa más cerca. Entonces yo cogí el machete de Mauro que taba bueno –y porquél no podía moverse ya– y me le metí al güio voltiando por una mate moriche; a Ramoncito ya lo taba agarrando el vaho también. Comu el güio no me vio me le arrimé por detrás de la nuca y me le guindé a jalarle machete por la porra. El güio apenas abría la tarasca y echaba un vaho comu a mortecina que casi me tumbaba. No sé cómo le jalé un machetazo por la tarasca que se la rajé hastabajo e la nuca; ahí mismo pegó tres boquiadas y sestiró y tenía como cuatro brazadas; pero Mauro quedó como atontao con bebedizo como dos días.

Migración de una boa en el río Verde.
Dibujo de A. de Neuville.

Coplerío

A nadie le tengo miedo,
tan sólo al toro pintao,
que me tuvo to' una tarde
yo corriendo y él parao.

Cuando la vide venir
con el sombrero en la mano,
sentí nacer el amor
grande como el sol del llano.

Sobre los llanos la palma
sobre la palma los cielos,
sobre mi caballo yo
y sobre yo, mi sombrero.

Por estos llanos arriba
donde llama Parapara
me encontré con un becerro
con los ojos en la cara.

El que bebe agua en tapara
o se casa en tierra ajena
no sabe si el agua es clara
ni si la mujer es buena.

Al que se robó el pilón
y la piedra de amolar
yo no lo llamo ladrón
sino verraco p'alzar.

Me puse a toriar un toro;
lo torié por la mitá;
el toro taba en Arauca
y yo taba en Trinidá.

Con mi caballo y mi rejo
me siento más lisonjero
que el cura y el sacristán
el dotor y el estanquero.

Se jue mi caballo bayo
para el potrero d'enfrente
a llevarle a la potranca
su copita de aguardiente.

Arriba caimán goloso
quiuna niña va nadando;
cogerla la cogerás
pero comértela, ¡cuándo!

Muy célebres en el Llano son también los *galerones*, forma de corrido utilizado para acompañar las faenas de vaquería, de rigurosa rima consonante y obligada en la sílaba "ao" para que así el ganado se acostumbre a su sonido. Uno de los más populares en Colombia es el llamado *Ladislao*, que dice en su versión más completa:

Yo nací en los mismos llanos
y me llamo Ladislao,
y soy un turpial puel pico
y un tigre por lo rayao;
con una soga en la mano
y un garrote encabuyao
yo soy más bravo quiun toro
y más ágil quiun venao.
Y aquel que no lo creyera
que se salga de contao
para probarle que soy
un hombre requetemplao.

De los hijos de mi taita
yo salí el más avispao
yo fui el que le dio la muerte
al plátano verde asao.
Y el máistro que me enseñó
me enseñó bien enseñao:
me dijo que no cantara
con ningún encalambrao.
A mí me gustan las cosas
a questoy acostumbrao:
el plomo por lo liviano
y el corcho por lo pesao.

Perdidos en la llanura.

Yo me resbalo en lo seco
y me paro en lo mojao.
También me dijo mi mama
que no fuera enamorao,

pero viendo una muchacha
me le voy de medio lao
como el toro a la novilla,
como la garza al pescao,
como el sapo a la sapita,
como la vieja al cacao,
como el calentano al queso,
como el indio al maiz tostao.
Y si llegara a morirme
no me entierren en sagrao,
entiérrenme en un llanito
donde me pise el ganao;
déjenme una mano afuera
y un letrero colorao,
pa que no digan las gentes
que aquí murió un desgraciao;
no murió de calentura
ni de dolor de costao;
murió de cacho de toro
ques un mal desesperao.

Otra de las variantes del corrido son las *ensaladas*, en las cuales la rima puede ser asonante o consonante y realizarse a cada dos versos de la sucesión de coplas del relato, como por ejemplo en la *Ensalada de las aves*:

De las aves de los llanos
les cantaré la ensalada
de varias que conocí
en el caudaloso Arauca:
azul es el azulejo
y parda la paraulata,
colorado el tornasol
y negro si el sol le falta.
Es amarilla la pizcua
y el perico verde caña
vive en costa e río vertiente
siempre oculto en la montaña,
y se le suele mirar
en horas de la mañana.
Tiene los cachetes blancos
el pájaro guacamaya,

tiene plumas amarillas
y a veces de verde-caña,
y le lucen los colores
al arrendajo e montaña.
De amarillo el loro rial
y lo que más maravilla
cuando manso puede hablar;
el que no sabe se almira
del hablar diun animal.
Azul amarillo crema
viste la garcita rial
y la blanca de algodón,
de medioluto el gabán;
de blanco viste el garzón
y aquel pájaro zamuro
viste de negro carbón;

color de piña madura
pájaro vaco pichón,
después de viejo, encerao,
de luz un blanco listón.
El amarillo maicero
denuncian los conuqueros;
marrón es la guacamaya
gira pinta la chinchena
que anuncia la primavera
a la mitá del invierno,
y aquí se acabó el relato
que les cantó este moreno.

Los pájaros garrapateros en los llanos.
Dibujo de Riou.

Refranes y dichos

Reinoso, ni viejo ni mozo, ni menos de Sogamoso.

Llanero no toma caldo ni pregunta por camino.

Al hombre pobre y sin plata, la cama lo mata y si tiene mujer, se acaba de joder.

Nunca te cases con viuda, porque mula que otro amansa siempre sale jetidura.

El caballo y la mujer al ojo se han de tener.

Adivinanzas

Mi comadre la negrita, que cuando la aprietan, grita. (La escopeta.) Del tamaño, color, trote y rebuzno de un burro y no es burro. (La burra.)

Folklore musical

Principales instrumentos

Sin duda en los instrumentos llaneros predominan los cordófonos, a causa del origen hispano o flamenco del joropo; la bandola "pin-pon" de cuatro cuerdas y caja sonora grande; el "cuatro" de igual número de cuerdas y caja pequeña; el bandolín que es un cuatro de ocho cuerdas y caja mayor; el arpa, procedente de Venezuela y de 34 a 38 cuerdas; además, el furruco, variedad grande de la zambumbia santandereana o de la puerca huilense; la carraca caballar; los capachos o maracas; la sirrampla o verada llanera y el tiple, requinto ya en desuso. Una inmensa mayoría de instrumentos corresponden a las tribus indígenas ubicadas en esta zona, que se enumeran en el apéndice de esta edición.

Tonadas y cantos

En toda la región llanera la tonada-base es el *joropo*. Del término árabe *xärop* que significa jarabe, por su procedencia andaluza o flamenca que se hace patente en el zapateo del baile y en los quiebros de la voz en tono agudo del canto con su obligado calderón[1], es tonada, canto y baile típico de los tres llanos colombianos y de los cinco venezolanos; es más baile que danza porque predomina la pareja enlazada. El instrumental típico usado tradicionalmente en el joropo colombiano consta de cuatro, bandola pin-pon y carraca. El bandolín que remplazaba a veces a la bandola pin-pon, está casi abandonado. El arpa se introdujo por influencia de Venezuela, allí utilizada tradicionalmente en cambio de nuestra bandola pin-pon, y también se le han agregado los capachos o maracas, en cambio de nuestra maravillosa carraca.

Una variedad de joropo es el *pasaje*, que podría definirse como un joropo lento, cadencioso, con letra descriptiva, amorosa y lírica; es muy abundante hoy por el uso del arpa en vez de la bandola que era obligada en los joropos recios.

Otra variante es el *seis* cuyas cinco clases se denominan "seis por ocho", "por derecho", "figuriao", "atravesao" y "por numeración" o "numerado". El *seis por ocho* se llama así por los compases que ejecuta, ya casi inexistente. El *figuriao* es la única modalidad propiamente danzada y su nombre parece provenir de la riqueza en las figuras de su coreografía, hecha con parejas

---

1 Suspensión del compás.

sueltas. El *seis por numeración* es el que en su letra siempre incluye temas relacionados con los números o con las enumeraciones, así:

Quién dice que no son una
la rueda de la fortuna
quién dice que no son dos
el romadizo y la tos;
quién dice que no son tres
dos caballos y una res.

Tres cosas hay en el mundo
que no se pueden cuidar:

una cocina sin puerta
la mujer y un platanar.

Cuatro son los animales
que el hombre debe temer:
y son el caimán y el tigre,
la culebra y la mujer.

Otro tipo de joropo es el *zumba-que-zumba*, con origen en festividades y sátiras según se deduce de su nombre; hoy es un capricho musical sin compromiso de tema y asimilado a un joropo normal en lo vocal, instrumental y coreográfico.

Del galerón ya se dijo que es una forma de canto ganadero y sólo tiene como ejemplo de baile en Colombia el *Galerón llanero*, obra de Alejandro Wills sobre un joropo venezolano llamado *El Araguato* con mezcla de una danza santafereña titulada *El Rodeo*, con coreografías del maestro Jacinto Jaramillo.

Folklore coreográfico

Trajes típicos

En el hombre fue tradicional el sombrero de palma o el ya desusado "castor", de fieltro en colores claro (lebruno) u oscuro (araguato); pantalón "garrasí" o "uña de pavo", hasta la pantorrilla y con abotonadura para arremangarlo; camisa cotona o sin cuello y el ya desusado "bayetón" de dos faces (roja y azul), muy funcional para los jinetes por ser un gran poncho de bayetilla que cubría el pantalón y la montura en las frecuentes garúas o lloviznas llaneras; no estorbaba a los vaqueros porque se mantenía vertical por el peso del agua. El rejo o soga de cuero era una parafernalia ocasional que se llevaba en la montura. La mujer usaba tradicionalmente un camisón corto, a la rodilla y nada más. Las cotizas (sandalias o alpargatas de cuero que debieron llamarse corizas, con capellada de lona) son el calzado obligado y funcional para hombres y mujeres. Mucho del vestuario que figura en fotografías y libros es falso y mero producto turístico para venta.

INSTRUMENTOS DEL
JOROPO CLÁSICO

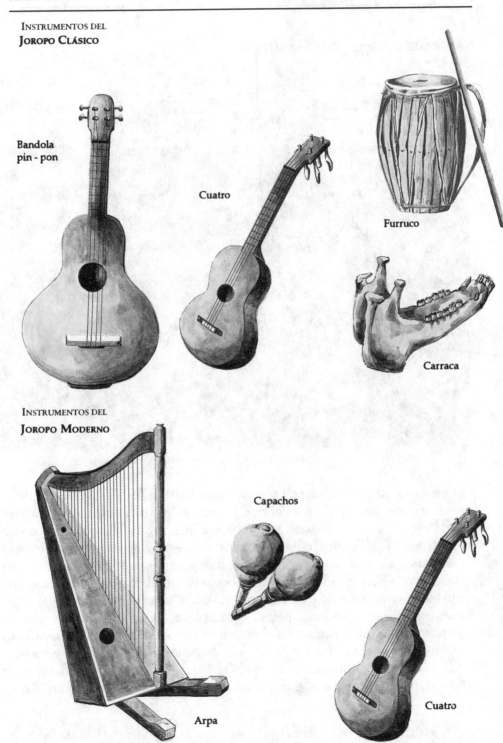

Bandola
pin - pon

Cuatro

Furruco

Carraca

INSTRUMENTOS DEL
JOROPO MODERNO

Capachos

Arpa

Cuatro

Danzas y juegos coreográficos

Un rodeo en los llanos. Dibujo de Riou.

El ejemplo más valioso de ellos son "Las cuadrillas de San Martín", juego ecuestre que data de 1735, en el cual participan cuatro comparsas llamadas con los curiosos nombres de guahíbos, galanes, moros y cachaceros, como identificación de indios, cristianos, moros y negros, respectivamente; cada comparsa se conforma con grupos de doce jinetes, apropiadamente disfrazados, cada una. El juego, que se desarrolla en el marco de la plaza del pueblo, se compone de diez figuras: guerrilla, saludo, oes (por las figuras que hacen las cuadrillas), peine, mediaplaza, caracol, alcancías (con el significado de dar alcance), culebra, paseo y despedida. Es una modalidad de auto sacramental "moros y cristianos" y de los juegos carolingios o justas del tiempo de Carlomagno. Se celebra todos los años el 11 de noviembre en San Martín[2] (Meta), y es seguramente derivado de las cabalgatas brasileñas

---

2   Capital ganadera cuyo nombre se debe al Obispo de Tours, discípulo de San Hilario, muy célebre por su caridad.

(Alagoas, San Gonzalo, Viciosa) llegadas de Portugal a Brasil y de ese país a Colombia por medio de un religioso de apellido Cunha o Acuña. Los jinetes son doce, pues alegorizan a los "doce pares de Francia" del tiempo de Carlomagno cuando ellos realizaban los torneos caballerescos o duelos en lid (de dos en dos). En Viciosa se conserva una banda que los jinetes llevan al pecho con los nombres de esos doce pares de Francia, así llamados porque eran iguales al rey. Entre nosotros aún se ven las bandas al pecho sólo entre los galanes, pero sin los nombres, ya olvidados, de los pares de Francia: Roldán, Oliveros, Ricardo de Normandía, Güi de Borgoña, Guarin de Lorena, Lamberto de Bruselas, Urgel de Danoá, Bosim de Ginebra, Joel de Nantes, Trietri de Dardania y los duques de Regnier y Nemé.

Folklore material

Artesanías

En madera se trabajan las arpas, cuatros y todo el material agrícola; en cueros, las sogas o rejos para ganadería; en fibra de cumare y chiquichique, cordelería, chinchorros, escobas, sombreros; en hueso, las carracas como instrumentos.

Mitos y supersticiones

El más popular en los llanos es el Niño-poira, personaje que cabalga en ancas de las bestias y cansa a las cabalgaduras por pesar mucho, ya que es un niño de oro macizo que aparece y desaparece, según la bestia se canse o ya esté descansada.

La Llorona de las zonas selváticas, frecuente en la región de Puerto López y Guayuriba, es sólo un aullido o gemido aterrador que se escucha en las noches de luna y que debe corresponder a algún animal selvático pero que nadie ha podido ver y eso aumenta su temor.

El Boraró o Curupira (especie de Hojarasquín) que grita como una escopeta, tiene pies del tamaño de un antebrazo, con sólo cuatro dedos, y ojos como los del jaguar. Muestra un pene de gran tamaño y orina a algunas víctimas para matarlas. Como los pies llevan el talón adelante, sus huellas despistan a los cazadores. Si se encuentran las huellas de El Boraró ha de colocarse la mano cerrada en puño sobre la huella y así El Boraró se desorienta; también se puede pisar la huella en sentido contrario para que El Boraró no regrese. Es antropófago pero únicamente succiona la sangre de la víctima, dejando su cuerpo como una talega con huesos, la cual sopla de manera que parezca intacto. El Boraró ordena a la víctima que regrese a su casa pero ésta se va a un cerro a vivir con los demás animales.

La Patasola también es mito llanero y aparece como responsable de los perdidos en la selva, de la muerte de los hacheros y cazadores, así como de los mineros, porque es personificación de la selva como hembra poderosa que ataca a sus enemigos hacheros.

El Patetarro es personaje que perdió una pierna en una reyerta y lleva el muñón metido en un tarro de guadua; la secreción purulenta que allí recoge es vertida en los sembrados causando pérdidas de cosechas, contaminación de las aguas y peste de los ganados.

Medicina popular

En esta región se usan mucho la corteza de quina hervida para las fiebres palúdicas (por su contenido de quinina), la otoba y la caraña para protegerse de las picaduras de zancudos, pitos y chinches. Las hieles de culebra (especialmente de la "rieca" o cuatronarices) se beben en aguadulce como antídoto contra las picaduras de todas las serpientes y posiblemente aminoren un poco sus efectos, pero acompañada de la succión de la herida, de la ampliación de ésta y del ligado del órgano herido (mano o pierna), si bien lo único seguro es el uso del suero antiofídico.

También el zumo de guaco o aristoloquia se usa para igual fin. La leche de higuerón es muy usada como antihelmíntico por todos los que padecen de lombrices intestinales.

Comidas y bebidas

El hombre del llano ha logrado adaptar sus hábitos alimentarios no sólo a las condiciones propias de su entorno sino de su trabajo. Ejemplo de lo anterior es la "mamona" o ternera a la llanera, quizás el plato más conocido de esta zona, infaltable en cualquier festividad que organice el llanero. En su preparación, que se hace sacrificando terneras de seis meses a un año; lo más importante son los cuatro cortes clásicos, llamados la osa, los tembladores, la raya y la garza. La osa es la parte comprendida entre el cogote, la papada, la mandíbula y la lengua, cortando de arriba hacia abajo. Los tembladores son las carnes del pecho, sacadas en tiras largas. La raya incluye los cuartos traseros, cortados desde la parte superior procurando darle forma redonda parecida a una raya. La garza es solo la ubre. Únicamente se asa con sal a fuego muy lento para no quemar o arrebatar las carnes.

Cestas de recolectores.
Capachos.
Cuatro.
Cebucán.
Arpa.

También se consume el tamal, la arepa, el "mañoco" que es granulado de yuca o mandioca con miel de abejas, el casabe o harina de yuca brava, procesada en sebucanes o matafríos, el plátano asao o frito, la yuca, el chonque y la tabena y el ñame; entre las bebidas, el guarapo y las chichas de maíz, bananos (cachirí), chontaduro y arroz. Éstas se llaman: cachirí de los indígenas Tatuya y Barasana, kawana de los Huitoto, yaraque de los Puiñave, y la chicha de chontaduros de los Bora, Muinane y Rossígaro.

Paso del Guaitiquía. Dibujo de Riou.

Capítulo Sexto

Región insular

*E*sta región está demarcada por el archipiélago de San Andrés y Providencia, situado en el occidente del mar Caribe, al noroeste del territorio continental colombiano. Comprende además la isla de Santa Catalina y varios cayos y bancos.

La isla de San Andrés es de origen coralino, así como los cayos y los bancos, con elevaciones que no sobrepasan los 100 metros sobre el nivel del mar (msnm), mientras que Providencia y Santa Catalina son de origen volcánico y tienen prominencias de 300 msnm.

Las flotas españolas descubrieron el archipiélago en 1527 y sólo setenta y siete años más tarde, en 1604, Juan Díaz Pimiento llevó a cabo la primera colonización. En 1629, los primeros ingleses que arribaron a la isla se encontraron con los cultivos, viviendas y comercio de los holandeses, quienes además ya habían implantado el tráfico de esclavos. A partir de 1641, la corona de España dio inicio a la reconquista del archipiélago y alrededor de 1786 se llegó a un acuerdo bajo el cual la reducida sociedad afroinglesa quedaba supeditada a la jurisdicción española. En 1803, por cédula real, San Andrés pasó del dominio de Guatemala al de Cartagena de Indias. A pesar de que en 1928 Nicaragua tuvo control sobre el archipiélago, Colombia recuperó su soberanía gracias a un tratado con ese país.

Sus pobladores se pueden dividir en tres grupos principales:

Población raizal, de religión protestante y tradiciones anglonorteamericanas. Su ascendencia es fundamentalmente africana, con alguna influencia miskito, europea y oriental (china y javanesa).

Continentales, llamados en el lugar como *pañas*, son predominantemente mulatos venidos de los departamentos de Atlántico y Bolívar; los de ascendencia mestiza son en su mayoría del departamento de Caldas.

Sirio-libaneses, desplazados comúnmente desde el territorio continental colombiano, concentran un enorme poder económico y una comunidad muy cerrada.

El turismo y el comercio constituyen la princial base económica de la región insular, tanto que en conjunto generan el 80% de los empleos directos e indirectos. Desde cuando fue declarado puerto libre, en 1953, las gentes del archipiélago comenzaron a abandonar sus cultivos de coco, que eran el renglón agrícola tradicional más importante.

Folklore literario

De su cuenterío puede mencionarse la leyenda de Old Nancy o Miss Nancy, llegada a San Andrés por Panamá cuando el istmo era departamento colombiano, en la cual se personifican varios animales, entre ellos, a cierta araña amarilla de patas negras. Esta fábula se conoce en la región del Pacífico con el nombre de Anancé. Del coplerío y paremiología no tenemos datos completos.

Folklore musical

Extrañamente desusados y aún desconocios, la *cumbia,* que es la tonada base de la región caribe y sus derivados *bullerengue, mapalé* y *porros,* encontramos en cambio, también llegados de Panamá, el *calipso* y el *tamborito.* Por más directo influjo, tal vez de transculturización antillana, las tonadas más populares son el *reggae* y el *mentó,* procedentes y propios de Jamaica, y el *quadrille* y el *schottish* de origen europeo, tal vez transportados de Curaçao, Trinidad, Tobago, etc.

Entre sus principales instrumentos están los tambores de procedencia africana, congoleses, mina y otros. El *stillband,* semejante a un xilófono de metal, la marímbula, la mbira o senza africana, la carraca asnal llamada allí *"jaw-harp"* y la guitarra morisca, universal hoy; ocasionalmente acordeones y claves o cencerros y el güiro o maraca antillana.

Folklore coreográfico

Las danzas correspondientes a las tonadas ya dichas, con excepción del calipso que es únicamente vocal (canción protesta) y el tamborito que es sólo instrumental.

Folklore material

De esta manifestación no hay documentación especial en cuanto a sus mitos, artesanías y medicina empírica.

De su tradición culinaria, podemos decir que es extraordinariamente rica en recursos marinos; además, el coco, su leche y su aceite son ingredien-

INSTRUMENTOS PROPIOS DE LA REGIÓN INSULAR

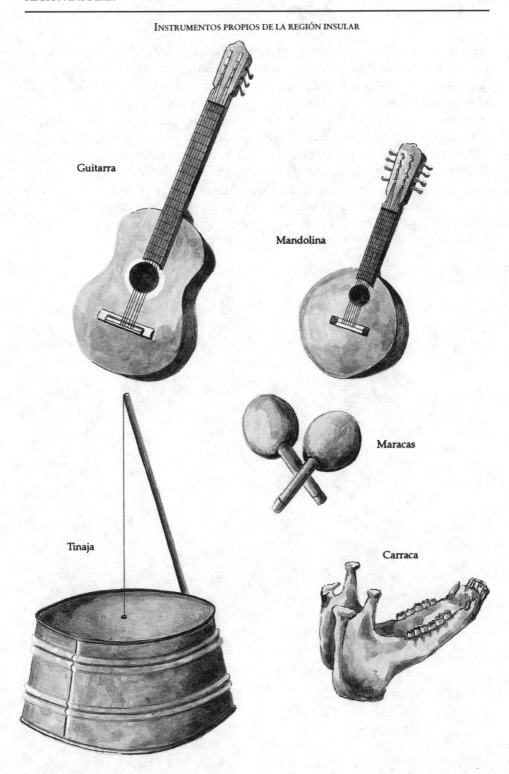

Guitarra

Mandolina

Maracas

Tinaja

Carraca

tes indispensables en sus preparaciones, de las que cabe citar el conocido *rundown* (rondón), hecho con base en una amplia gama de pescados, *pig-tail* (cerdo salado) y caracol; por lo general se cocina al aire libre en una cazuela con tapa, al calor de una fogata alimentada con hojas de palma, cáscaras y estopas secas de coco. Populares también en el archipiélago son los *fritters* elaborados con bananos maduros, machacados y mezclados con azúcar, harina de trigo, leche y aceite freídos en aceite como torrejas; el *pumpkin rice* es arroz mezclado con cuadritos de ahuyama y leche de coco. Cabe anotar que el sanandresano no consume carne de res, que se lleva desde el continente para satisfacer el gusto de los turistas pero a precios normalmente muy altos; el isleño prefiere los guisos de chivo o iguana, sabiamente condimentados con especias y acompañados de arroz con coco.

Indios cuaiqueros. Dibujo de Maillart

APÉNDICE

Las fiestas más importantes de Colombia

*A*unque el nombre de carnaval es español y su celebración común en Europa (Venecia, Roma) pasó a América y se volvió muy célebre en Brasil (Carnaval de Río), en Uruguay ("candombe" de Montevideo) y en otros países como Colombia (carnaval de Barranquilla). En sus comienzos esta festividad de tipo religioso (carnestolendas) se celebraba durante los tres días anteriores al miércoles de ceniza, que es el primero de la cuaresma. Posteriormente se ha variado su sentido y aplicación y sólo se han conservado los atributos festivos de mascarada, baile y jolgorio, actos dramáticos y, con mayor frecuencia, los juegos coreográficos y las comparsas.

El carnaval de Barranquilla

El carnaval de Barranquilla ha sufrido cambios notables desde su creación a mediados del siglo XIX, y por desgracia algunas de las magníficas expresiones populares que se veían antaño se han perdido, quizá debido al asalto de los promotores de espectáculos que desvirtúan su autenticidad y el enorme valor folklórico que esas expresiones poseen.

Don Antonio Serrudo, reconocido cronista de la ciudad, escribió hace algunos años este comentario sobre los inicios del carnaval y su primeras tradiciones:

El carnaval de Barranquilla es una fiesta que surgió a mediados del siglo pasado, quizá por la iniciativa de la abundante cantidad de vecinos de Santa Marta que vinieron a establecerse en la hoy capital del Atlántico. Las nuevas promociones de barranquilleros celebran alegremente el carnaval con entusiasmo y preocupación heredados de anteriores generaciones de La Arenosa (antiguo nombre de Barranquilla), si bien ajustándose a las modificaciones que han trastornado sensiblemente la mecánica del antiguo carnaval. Según viejas crónicas de la ciudad, hasta 1881 el carnaval se desarrollaba bajo la dirección de un presidente, que era escogido por sus amigos entre los personajes de visible posición y muy populares. Don José Enrique de la Rosa, de filiación conservadora, quien años después obtuvo el título de general, llamado 'de la Rosa el pobre' para diferenciarlo de otras familias del mismo apellido que eran ricas, fue acordado para presidir el carnaval de 1881 y aceptó, trocando el democrático título de presidente por el de rey. Como virrey figuró ese año don Manuel Benavides Z. ('El pollo negro'), liberal y fogoso orador. Como era costumbre entonces, el decreto del alcalde reglamentando el carnaval se promulgaba por bando y, a continuación, algunas veces en verso, venía el bando carnavalesco.

Justamente sobre el origen del bando del carnaval, doña Toña Vengoechea de Silva y don Rodolfo Abello escribieron un revelador artículo en el *Diario del Caribe* en edición del 20 de enero de 1973:

Cuando el carnaval empezó a mediados del siglo pasado a tomar cuerpo como fiesta aglutinante permitida por las autoridades y con la venia de la Iglesia admitiendo las sanas e ingenuas diversiones profanas como estímulo y escape final antes de entrar en la sacrificada temporada de los ayunos y abstinencias de la cuaresma, las autoridades reglamentaron el desarrollo de las festividades dictando medidas que se promulgaban por medio del bando característico de la tradición oficial.

Todas las medidas adoptadas por el Ayuntamiento se daban a conocer primero –costumbre de profunda raíz vernácula en la Colonia– por medio de la lectura del bando, la cual se hacía con grande protocolo en la plaza pública donde al compás del 'rataplán' de los tambores acudía la gente presurosa a enterarse de las últimas medidas y disposiciones.

Con el correr del tiempo y los cambios que fueron alterando las costumbres carnavaléricas, el bando perdió su antigua seriedad. Los poetas de la urbe improvisaban décimas, arreglaban decretos en solfa, imitando las graves disposiciones oficiales, y en plan de chanza y befa, trajeados a la manera clásica...

Los citados autores también refieren algunas costumbres de los antiguos carnavales:

La *vara santa,* que era diversión tan común y pintoresca, donde ataban los alegres carnavaleros a los transeúntes que no acataban las disposiciones del bando que obligaba a todo el mundo salir disfrazado a las calles durante los tres días de carnaval, se colocaba en el centro de la plaza de San Nicolás.

La *gran cumbiamba,* que desde las seis de la tarde empezaba a llamar a los bailadores, cuya ronda continuaba sin interrupción, como era costumbre, al pie de la bandera roja, hasta las cinco de la mañana, cuando las campanas de la iglesia notificaban el fin de la fiesta, se instalaba en una esquina de la plaza, hacia el antiguo callejón del mercado. Muchas veces frente a la casa de don Esteban Márquez, filántropo barranquillero que gozaba con esas demostraciones de simpatía regalando a los bailadores paquetes de velas, botellas de ron y lanzando a la tiña monedas de oro, como era de uso y costumbre.

El primer paseo de coches engalanados salía de la plaza de San Nicolás[1] por la Calle Real hasta la esquina de la antigua loma de la Cruz Vieja, donde más tarde se construyó el teatro. Punto de partida después de la Batalla de las Flores, que habría definitivamente de organizarse por el Camellón Abello que parecía ex profeso para este corso pintoresco.

Actualmente existen unas diez danzas, cuatro cumbiambas y tres comedias; el *Congo grande* es la danza característica del carnaval, y se sabe que data de 1870, aunque se desconoce su significado. Uno de los más recientes aportes al carnaval es la danza de los *Negros campesinos.*

Otros personajes típicos de los carnavales son: "Joselito", a quien los trasnochados, cansados pero tristes borrachitos, entierran el martes por la noche como símbolo del final de la fiesta; y *Adiós a la carne,* rememorando la tradición romana con la echada al río de su dios Saturno.

El carnaval del diablo de Riosucio (Caldas)

Esta festividad, de gran contenido sociológico, ha sido promovida y recuperada por el investigador y coreógrafo Julián Bueno Rodríguez. De unos protocolos que me enviara hace algunos años, transcribo los apartes esen-

---

1 La plaza principal de la urbe "arenosa" de entonces no era el Paseo de Bolívar sino el parque de San Nicolás, donde además se daba lectura al bando y se concentraban las comparsas carnavalísticas.

ciales que considero deben ser conocidos por quienes se interesen en los fenómenos de la cultura popular colombiana.

Riosucio está considerado como uno de los dos únicos centros de artesanías netas de Caldas, junto con Aguadas.

La posición de Riosucio es ventajosa para el comercio; por allí pasa la carretera troncal de occidente que lo comunica con Medellín, Pereira y Cali; dos carreteras lo unen a Manizales (por Irrá 77 km, por Arauca [Caldas], 106). Carreteras internas van a las veredas de El Salado, Las Estancias, San Jerónimo, Pasmí, Panesso y El Oro. Reciente es la que va a El Jardín (Antioquia) cuya apertura está originando una migración acentuada del suroeste antioqueño hacia nuestro municipio. Tenemos alfarería y cerámica, cestería y sombrerería, tejeduría en cañabrava y en fique, tallado en madera, talabartería, etc. En la distribución étnica del municipio figuran Quiebralomo, Ibá y el sector urbano, zonas de origen triétnico; El Oro, zona correspondiente a población blanca; y cuatro zonas indígenas aculturadas y en proceso de mestizaje: San Lorenzo y Bonafont (corregimientos), La Montaña y Lomaprieta (resguardos). En estas últimas, principalmente, el minifundio campesino más grave alterna con algunos latifundios (propiedad de terratenientes); recordamos las invasiones de tierras, producidas por esta situación en 1972, en Lomaprieta.

Historia del carnaval

En el siglo XVI fueron fundados dos poblados: uno indígena (La Montaña) en el resguardo de su nombre y otro español (Quiebralomo), centro de explotación aurífera. Gentes procedentes de ambos pueblos invadieron en el siglo XVIII tierras pertenecientes al resguardo de Lomaprieta, arrebatándoselas, para luego disputárselas mutuamente en una lucha encarnizada que se prolongó hasta el 7 de agosto de 1819, año en que las gentes de ambos pueblos se unieron para fundar a Riosucio en el sitio del conflicto, al pie del cerro de Ingrumá. Desde entonces hasta 1846, las dos comunidades estuvieron divididas por una cerca, manteniendo una relación hostil. En 1847, la unión definitiva produjo el carnaval.

Quiebralomo traía desde los albores de la Colonia su fiesta de ancestro español, con carreras, gallos, juegos de fuerza y disfrazados con máscaras de papel coloreado, y más tarde con caretas traídas desde Quito; dicha fiesta comenzaba el 27 de diciembre y terminaba el 7 de

enero. La Montaña conservaba entre sus danzas folklóricas el *baile de la chicha*. Estos elementos se amalgamaron dentro del carnaval y generaron dos componentes fundamentales: las llamadas 'diversiones matachinescas', que se dividían en: *lectura del programa* (decreto burlesco, seguido por un simulacro dramático) y *la fiesta en sí*, con desfiles de orquestas típicas, representación teatral al aire libre, contradanzas, cuadrillas, baile de la chicha y toreo colectivo; las 'cuadrillas' o 'comparsas' incluían canto, danza, diálogo hablado y pantomima. Después hay un período de resurgimiento (1892-1914) donde la fiesta llega a conformarse en tres secuencias: el *convite* (especie de sainete de tema libre) y lectura del bando (decreto bufo versificado); las *vísperas*, dedicadas a recolectar un impuesto para costear los festejos se iniciaban con la publicación de un decreto bufo en este sentido y se caracterizaba por castigos forzosos a quienes se negaran a ayudar (cepo, o izada en bolsas de cuero a una guadua alta); y la *fiesta* en sí con cuadrillas, saineteros, toreo colectivo y finalmente el *entierro del calabazo*. En esta época la fiesta se llamó 'Matachines'.

Características de la carnestolenda

Personajes: el diablo, divinizado y representado por una gran efigie; los matachines, o sea las personas que escriben todos los textos, intervienen en los actos fundamentales, se disfrazan en cuadrillas o, independientemente, animan y organizan la fiesta; el pueblo, tomado como masa.

Elementos estimulantes: el guarapo (licor fundamental embriagante a base de caña de azúcar) y modernamente las demás bebidas comerciales. La música muy en especial la de las bandas y chirimías, con aires varios más que todo regionales; pero hay un tema que enardece al riosuceño hasta el frenesí, el *Himno del carnaval* de inmenso favor popular; la pólvora, en múltiples formas.

Actos fundamentales: los decretos son discursos versificados, jocosos y en ocasiones serios, dictados en una etapa previa que puede comenzarse en julio, agosto, septiembre u octubre, según criterio de la junta, al comienzo de cada mes, los sábados, y luego cada quince días. Cualquier persona puede escribir y leer decretos pero debe hacer solicitud a la junta en este sentido con anticipación; ésta lee y si lo considera prudente, censura total o parcialmente la pieza en cuestión. El *convite* es una representación teatral que se realiza un domingo, quince días antes del carnaval; es privativo de la junta; lleva un estribillo coral cantado.

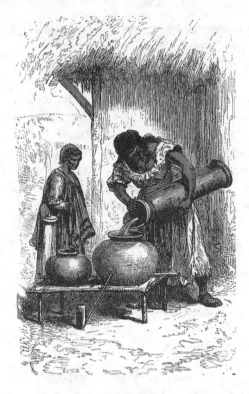

Elaboración del guarapo.

La entrada del diablo: el sábado de carnaval entre las siete y las ocho de la noche, la efigie es paseada en desfile por el pueblo en un vehículo motorizado. El *saludo* viene luego, a cargo de uno o más matachines, preferentemente el presidente, vicepresidente o alcalde y otro que toma la vocería del "bautizo" como riosuceños o de personas vinculadas al pueblo y no nacidas en él, vaciando guarapo en las cabezas de éstas. Después se entroniza la imagen ubicándola en un elevado pedestal de guadua, en sitio prominente en una de las dos plazas del pueblo.

Las *cuadrillas*, comparsas a base de canto, se reúnen el domingo a las doce del día, realizan el gran desfile, actúan en el proscenio o tablado popular y luego por separado de casa en casa donde son atendidos con bebidas y en ocasiones con comida por los dueños y puede prolongarse hasta horas avanzadas de la noche pero no en los días subsiguientes del carnaval.

El *testamento del diablo* es una pieza oratoria de despedida y síntesis de la fiesta que se hace el miércoles a las diez de la noche. Sigue la quema de un diablito relleno de pólvora; la efigie principal es respetada todavía por dicha quema.

Hay actos específicamente colectivos como las alboradas, desfiles de las gentes cantando y danzando de manera informal a las 5 de la mañana (el primer día a las 12 de la noche).

Las *verbenas* o *bailes públicos* al aire libre y los *desfiles de faroles* y del *carángano* para entrada de las colonias, las *vacalocas* y las *corridas colectivas* en circos de guadua los lunes, martes y miércoles a las tres de la tarde.

Una manifestación inherente al carnaval es la literaria, en verso casi en su totalidad. Veamos ejemplos.

Serios

> Oh qué grande es volver a este tablado
> de tanta inspiración y tanta historia,
> a revivir escenas del pasado
> que no salen jamás de la memoria.
> Que a estas tierras prodigios de riquezas
> el brazo fuerte del tenaz minero,
> la lucha firme del labriego raso
> en fiesta grande el carnaval hicieron.

Jocosos

> La ganga pidió audiencia
> a Su Santidad el Papa
> y en menos que canta un gallo
> se le colgó del papayo
> y casi que... la corbata;
> y hasta llorando imploraba
> le ruego, Su Santidad,
> que lo haga por caridad
> y me autorice un aumento
> para cobrar intereses
> siquiera al ciento por ciento.

En cuanto a su modalidad externa los decretos pueden ser: individuales, puramente oratorios, dialogados, entre dos personas, dramatizados con la intervención de dos, tres o más personas. El atuendo es informal para el decretero; a veces aparecen atributos opcionales o caprichosos, según el tema. En la dramatización se impone el disfraz. En cualquiera de las modalidades puede intervenir el diablo como personaje. Ejemplo:

Alcalde
Buenas noches, presidente. ¿Qué
tal ese carnaval?

Presidente
El saludo no está mal
pero guárdese el tridente;
¿o es que me quiere ensartar?

Alcalde
Bueno, mi querido cliente:
trataré de ser decente
sólo vengo a reportiar.

Presidente
Saludemos previamente
al pueblo que está 'pendiente
deste decreto infernal'.

Alcalde
Un saludo efusivo

te presento rey Satán,
seas aquí bienvenido
que este pueblo querido
te ansía con loco afán.
Habla pues, diablo querido
que tu voz es nuestro aliento,
que tu pueblo está feliz,
ansioso y más que contento.
Después de tan larga ausencia
¿y nos llegas todo bravo?

Diablo
Lo que estoy es muy alegre
y bastante emocionado.
Gracias mil señor alcalde,
muchas gracias a la junta;
este es un triunfo más
que en el carnaval se apunta.

Como después de estas introducciones vienen las denuncias al diablo de las irregularidades que se han producido en su ausencia, el discurso de bienvenida suele terminar por este estilo:

Primer vicepresidente
Ya estarás bien informado
mi diablito picarón;
el pueblo bien animado
empezará su función.

Vicepresidente segundo
Toma asiento en tu proscenio.
Eres el rey de la Fiesta,

que ninguna como ésta
puede alcanzar tanto ingenio.

Diablo
Dejo instalada en mi nombre
la gran fiesta del folklore,
y entonemos nuestro Himno
por Riosucio con amor.

Ejemplos del Testamento son:

Diablo
Adorados hijos míos,
llegó la hora e partir;
el guarapo se ha acabado
y ya me siento morir.

Pecaron verracamente
y ahora sí alístense pues,
porque en cuerpos, almas, mentes,
en mis garras afiladas
como piaras arrastradas
a los profundos infiernos
los llevaré en dos por tres.

Como se ve, en los decretos y discursos predomina el metro octosílabo, pero aparecen también el endecasílabo, decasílabo, dodecasí-
labo y aun otros más. El lenguaje es muy popular pero esto
dependerá del estrato y mentalidad cultural de los decreteros, pues
en este aspecto hay variedad. Contrastemos dos decretos:

a. Si detectáis un mucho de inmodestia
en el tono insolente en que os arguyo,
eco hago del caudillo de una gesta
en un demoledor corte tan suyo:
no hagáis caso al proclive, la inmodestia
suele ser del hipócrita el orgullo.

b. Me tocó ver a Pichurrio
muy rebotao en la Zona;
él estaba desafiando
al mozo'e la Recatona.
Y este señor Cache-Buche
es algo muy natural;
se quiebra a ña Carbeliona
allá detrás del corral.

Es frecuente la utilización de los apodos en este tipo de oratoria
versificada, con resultados verdaderamente estupendos:

Que salgan los Cucarachos,
Morombias y Galandruñas,
y que salgan los Pezudas,
Culatas y Patacachos,
los Peruchos y los Pachos
con Carachas y Caifás,
Jaletina con el As,
Boterito y sus muchachos.
Turrucao, Trompezón,
Caremachete, El Erizo,

la Tortuga, Mata Siete,
Patefuerte con Chorizo,
Parpadeo, Petronilo,
Acelere, Güevas d'hilo,
Verraquera con la Chupa,
Tarro Liso y Pate-Yuca.

También surgen los mitos:

Quiero recordar ahora
los espantos de mi tierra
el 'Coco' que nos aterra,
La Llorona y la Chichita,
la Vieja Colcha maldita,
el Musgo, la Viuda alegre,
El Pollo Pelón que incita
con la Mula de tres patas
que enfriaba las alpargatas
al más guapo jugador
que fuera trasnochador
en los clubes y garitas.

Excelente muestra del grado popular del lenguaje de los decretos en
este fragmento donde se ridiculiza el habla de un personaje conocido
en la población:

Me guelví güena persona,
me metí en el diretorio
y me zampé en el jolgorio
como endeviduo de habla;
hasta aprendí a descutir,
es decir, a discursiar,
proposiciones oír,
muchas atas aprobar...'.

No se ciñen nuestros matachines de manera exclusiva a la estrofa de
cuatro versos y en realidad poco la utilizan; el número de éstos es
caprichoso, pasando ocasionalmente o coincidencialmente por la
décima. Los decretos son siempre preparados y leídos, aunque en
algunas ocasiones se llegó a dar el diálogo improvisado. El teatro se
hace presente en los decretos dramatizados y en el convite. El tema
de los primeros es local y tiene por objeto ridiculizar situaciones ya
vividas en la realidad por el pueblo, o crear otras imaginarias que
sirvan a los procesos de la fiesta. La plástica corporal (danza) es muy

reducida y el movimiento escénico prácticamente inexistente; lo más importante es la caracterización de los personajes, ligados entre sí para producir la conclusión general buscada. Como ejemplo podríamos citar "El suculento menú" de 1967, cuyo argumento es: El presidente del carnaval desciende al infierno a informar al diablo sobre los preparativos de la fiesta y los sucesos y chismes parroquiales; en esas los interrumpe el diablo portero, quien anuncia la llegada de 'un pequeño lotecito de almas para sancochar', de Riosucio, después de hacer la cuenta detallada de algunas en diálogo con Lucifer, el presidente ruega al diablo se prepare su visita al carnaval:

Abandona pues tu reino
donde siempre has gobernado
y también esos infiernos.
Afínate bien los cuernos
y embólate bien el rabo
pa que enamores las viejas
que sin novio se han quedado.

En 1977 tuvimos la oportunidad de ver *Los cinco viajeros* cuyo tema versó sobre cinco riosuceños muy conocidos quienes hicieron una excursión a Europa; se representó en desfile su regreso de manera grotesca, para luego referir al pueblo todas sus andanzas. En 1979 hemos tenido 'La resurrección de Tatínez'; este último es un gran matachín de quien se informó erradamente que había muerto; el desfile fue a manera de entierro, con su *viuda* (matachín travestido) y cura. Subieron al proscenio y por turno aparecieron en sendos balcones de la plaza el Diablo, quien devolvió la vida al matachín y un diablillo, portador de pecados y habladurías.

(Fragmento)

Diablo
Levántate, pues, Tatínez,
te lo ordena Satanás,
que vivirás muchos años;
levántate, no jodás.

Tatínez
La muerte es un suceder,

principio de nueva vida
o quizá un acontecer
que como fin se suspira.
Pues, oh diablo, yo te pido
que me alivies deste mal
y que cante complacido
a este pueblo querido
en el nuevo carnaval.

Tatínez narra su paso por la otra vida y después de un diálogo satírico con el diablillo, el diablo concluye:

> Desenvuélvete Tatínez,
> y quítate esa mortaja
> que pareces un chorizo
> cuando la tripa se raja.

El tema de los convites es mucho más libre y se escoge alguno que por el momento esté creando alguna inquietud en el municipio, la nación o el mundo. Y así, por ejemplo, en la época de la segunda guerra mundial, hubo un convite titulado 'Los primeros ministros mundiales' (Hitler, Stalin, Churchill, Gandhi, etc.) arrastrados al final por la muerte. En 1969 tuvimos 'La juventud de hoy', entre cuyos personajes figuraban el demagogo, el rebelde, el guerrillero, el maletilla, el oligarca, el tiempo, y desde luego el diablo. En 1971 el convite fue 'Los trasplantes', con cirujanos especialistas en: corazón, lengua, vejiga, hígado, ojos y cerebro; el anestesiólogo, el tiempo, la muerte y el diablo.

Hubo un convite muy original sobre 'La fundación de Riosucio' en 1977:

Ingrumá
Lleno de historia los siglos ha
vencido.
Miro a los hombres luchar, cantar,
reír;
si son sublimes, de gloria van
ungidos;
si son mezquinos, cual brizna han
de morir.

La Montaña
Soy gran princesa de raza antigua,
soy gran abuela de esta ciudad,
tuve mis dioses, mi propia lengua,
soy La Montaña, vieja heredad.

Don Andrés Motatos
El tambo fue mi guarida
en tiempo del español
cuando mi tierra aguerrida
en la sangre de la vida
nos daba mayor valor.

Dama de Quiebralomo
Sentamos las bases de este
pueblo amado.
Dimos muchos hijos al arte y la
gloria.
El primer disfraz por nos fue
bordado
y así madres fuimos de la gran
euforia.
Carnaval nutrido de ilusión e
historia.

Rodulfo Largo
¿Que el indígena es bruto,
que no ve, oye ni entiende?
Qué atrevida falacia,
mi razón la comprende.
Porque india es mi sangre,
indio mi corazón,
india es mi valentía,
indio Tursaga soy.

Boussingault
Cuando de Francia vine,
cuántos caminos anduve
por esta América firme
y aquí mis pasos detuve.

Labriego
Nací libre como el potro en la llanura,
soy tenaz como el cóndor de los Andes
y mi vida trascurre en la montaña
donde el sol con sus rayos matinales
y el cantar tan alegre de los pájaros
en la aurora se internan en mi rancho
para dar el llamado a mi trabajo.

Minero
Triste aventura la del minero,
perder su vida y su salud

ambicionando mucho dinero,
desperdiciando la juventud.

José Bonifacio Bonafont
Bellísimas montañas rodeaban mi ciudad;
intrépidas las tierras que viéramos hacer;
Socorro la pujante, Socorro colosal.
Nacióse pues mi cuna en Sur de
Santander.

José Ramón Bueno
Con Bonafont insigne luché por la grandeza
de esta tierra adorada que pasó sin
saberlo.
Buscábamos que el odio se tornara en
terneza,
que dos razas se amaran,
pero no llegué a verlo.

La invocación a Satán
Ven fullero marrullero,
compañero misterioso.
Ven y embriáganos de dicha,
y bautízanos con chicha
para pasar bien sabroso...

Y el estribillo final coreado por todos:

Riosuceños y caldenses,
los venimos a invitar
pues en el próximo enero
tendremos el Carnaval.

El festival de negritos y blanquitos (Pasto)

Este festejo nariñense que se celebra todos los años en Pasto y en algunas ciudades importantes del departamento, se remonta al año 1807, cuando los negros huidos de la poblacion antioqueña de Remedios (que según parece son los mismos de El Guarne o El Retiro hablado), indultados por cédula real, siguieron hacia el sur. En Popayán se enteraron de lo sucedido en Remedios, y un buen día se presentaron –dice el cronista– en masa ante las autoridades coloniales para pedir que se les concediera un día libre, pero "libre de verdad", en recompensa de su trabajo de doce meses. La solicitud viajó a Madrid y volvió con el acogimiento muy paternal del rey, al cabo de larga espera. Se señalaba el 5 de enero, víspera de los Reyes Magos, como el día de los negros. En el día libre todos los negros del Cauca se lanzaban a las calles, revivían su música ancestral, vestían trajes de colorines y tiznaban a todos los blancos que encontraban en su camino.

En 1854, Cordovez Moure describe el festejo de Pasto, a donde pasó en breve:

> Todos se vuelven locos y las mujeres no reparan en medios para embadurnar a los hombres sin que en aquellas bacanales se ofenda el pudor de nadie.

Una calle de Pasto. Dibujo de Clerget.

Gloria Valencia Diago define el festival así:

> A fines del siglo XIX los hacendados escogían sus mejores caballos para el desfile en que competían las cuadras de Pandiaco, el Potrerillo, la Jasefina, Pucalpa y los Lirios, mientras que el pueblo miraba temeroso hacia la cima del volcán e invocaba a la 'Mamitica linda de las Mercedes', que no llueva el cinco porque todos saben que 'Morasurco nublado, pastuso mojado'. El día cinco todos se tiznaban de negro y el día seis de blanco, con polvos de talco. Hasta la década del 20 del siglo XX

se realizaba el 'corso de las flores', en que los caballeros esparcían pétalos de flores a las damas pastusas y obsequiaban ramilletes a la elegida. La comparsa de los Castañedas también se hace allí (evocación de la de El Guarne) y el 4 de enero abre los festejos. El desfile llega a pie con los ancianos, bebés, niños, jóvenes, caballos, burros, gallinas, carretas y acompañados del cura, del barbero, del boticario, del curandero y de la banda de músicos. Son recibidos con un discurso al que debe responder 'papá Castañeda', papel que durante mucho tiempo desempeñó don Sergio Antonio Arellano. La fiesta de negritos y blanquitos se ha sofisticado mucho. Hoy se llama carnaval y eligen reinas.

Las fiestas de San Pacho (Quibdó)

Para los habitantes de la capital del departamento de Chocó, esta fiesta es sin lugar a dudas la más importante; la devoción por San Francisco de Asís, santo patrono de Quibdó[2] es muy fuerte y con todo, los representantes de la Iglesia no siempre están de acuerdo con las festividades por considerarlas paganas; de hecho algunos curas han intentado impedirlas, pero el pueblo quibdoseño permanece fiel a su patrono y a su celebración.

Se cuenta que en un principio la fiesta era de carácter más religioso, aunque no dejaba de haber ciertas dosis menores de aguardiente. Rogerio Velásquez, folklorista chocoano, dice que en esa época también se utilizaban las "vacalocas", las que describe como una "armazón de palos forrados con encerados, cuernos humeantes y cola de ramas de limón, que carga un hombre que corre, aceza, se para un momento y embiste después, que produce sustos y templa de nervios. ...Cuando el que la porta se detiene, le cantan los músicos o el público:

> Si el torito fuera de oro,
> y los cachos de aguardiente,
> me volviera toreador...
> ¡Qué toreador tan valiente![3]

Velásquez nos cuenta:

A fin de que la festividad alcance mayor esplendor y animación, Quibdó, para el tiempo de San Francisco, aparece dividido en barrios o sectores. La idea data de 1929, y, con la aceptación unánime, se partió

---

2 *Quibdó* significa "el lugar entre ríos".
3 Tomado de "La fiesta de San Francisco de Asís en Quibdó", en *Revista Colombiana de Folklore*, 1960.

el poblado en trozos que emulan y luchan por ser los primeros en la fiesta. La disputa ha servido para que las actividades sean más complicadas y las diversiones más amplias y numerosas.

La fiesta de San Pacho cuenta con un curioso desfile de carrozas llamadas por los lugareños "disfraces" o "repechajes"; al parecer los disfraces no existían en la festividad original y sólo hasta la década del cuarenta del siglo XX se comenzaron a montar. Los temas de los disfraces han ido cambiando con el tiempo y ahora existe una clara tendencia hacia la sátira política. Cada barrio se encarga de fabricar un disfraz y se compite por originalidad, hechura y mensaje. Otro elemento importante del festival son los "arcos de milagros", especie de escenarios armados con varias tablas unidas, sobre las que se dibujan distintos episodios de la vida de San Francisco; al igual que con los disfraces, los barrios compiten por el mejor arco.

Tonadas y cantos indígenas

*P*ara quienes no consideramos la cultura como un artículo suntuario o un elemento de lujo, sino como parte del bagaje de primera necesidad, la música tiene un significado utilitario de gran importancia en nuestra economía orgánica; algo así como el sueño o una vitamina espiritual. Para nuestros indios representa una vivencia trascendental y ellos la toman como sus demás formas de arte: danza, teatro, magia, a modo de práctica religiosa. Ello nos explica la enorme importancia que la música tiene para los indígenas y por qué preside la mayor parte de sus actividades vitales. Así, en la clasificación de la música indígena por géneros se atiende básicamente al funcionalismo o utilidad práctica de los cantos y tonadas. Los diez géneros enunciados en el sumario de esta tesis abarcan todas las expresiones vocales e instrumentales indígenas. Por esta enumeración puede verse cómo no existen en la práctica una música de simple regocijo sino que todas las formas tienen aplicación especial en las distintas celebraciones tribales. Tal vez sea ésta una diferencia rotunda entre los pueblos autóctonos que viven en comunión con la naturaleza antropogeográfica y que dan a todo lo suyo un sentido trascendental, íntimo, y los pueblos llamados civilizados en que observamos fenómenos tales como el de "hacer música" sólo por pasar el rato, "matar el tiempo" o divertirse.

Aunque no debe hacerse aquí un enfoque histórico de la música indígena, ya que se trata de una relación de exclusivo ámbito folklórico en que los fenómenos han de ser actuantes, dinámicos, vigentes o actuales, con el carácter de antecedentes temporales daremos un breve resumen de los aspectos más destacados de la música indígena precolombina.

Todas las conjeturas sociológicas indican que los pueblos amerindios mantuvieron una intensa comunicación cultural y en muchos casos los cálculos etnológicos señalan una identidad de origen a partir de los núcleos nativos de Suramérica, arrancando de la estirpe Aymoré o Botocudo que desde el centroeste del Brasil, comarca mesopotámica de los ríos Pardo y Doce, se vertió sobre el noroeste (pueblos Aymará y Quechua) y del imperio incaico descendieron al norte para poblar las cuencas del Amazonas o Marañón y los ríos de la rosa fluvial llanera colombo-venezolana hasta llegar al límite caribe y entroncar por el puente seco mesoamericano con el imperio Maya-quiché, y quizá con las tribus nómadas de Norteamérica. De todos modos, a lo largo de la América se asentó el hábitat de la raza cobriza, típica americana. El florecimiento artístico y científico de la raza, exaltado por grandes poetas americanos como Gabriela Mistral, Martí, Pablo Neruda y Rubén Darío, cantor del vate Netzahualcoyotl, por los muralistas Rivera, Gómez, Portinari, Orozco y multitud de músicos, va siendo corroborado día a día por antropólogos, etnólogos, sociólogos. Y precisamente en el campo de la etnomúsica, los investigadores han hallado argumentos de tanto vigor como los formidables arsenales de instrumentos músicos que revelan un desarrollo notable en el arte de los sonidos desde tiempos inmemoriales. Cronistas y recopiladores nos han dado cuenta de los cantos tradicionales de los Taíno-caribe en las Antillas y de la proyección de los "areytos" ceremoniales, cantos épicos sobre textos legendarios, de las trovas y aires muiscas y de la gran variedad de poemas épicos y líricos que se cantaban en el imperio incaico. Cada uno de ellos, como los actuales cantos tribales nuestros, tenía una aplicación determinada en la vida indígena. Los documentos más valiosos para descubrir el carácter de una música fósil o desaparecida, no son en modo alguno las partituras, pues éstas no dan jamás la clave de "cómo sonaba" esa música antigua ni del "aire que tenía la ejecución" ni de "cuáles eran los timbres de la materia sonora". Claves más valederas son, en cambio, "los instrumentos que producían esa música" y la fonación lingüística con que se hacían esos cantos. Y estos dos datos los suministra el arsenal organológico, es decir, los instrumentos físicos que se conservan y la tradición oral de los cantos, verificable en las tribus actuales o grupos humanos sucesores de los que produjeron esa música desaparecida. Por ello no debemos desesperar a causa de la ausencia de grabaciones o partituras (que los griegos tampoco dejaron) sobre la música de los muiscas, por ejemplo, contemporáneos de la Conquista; sí podemos investigar, analizar y reconstruir algo muy semejante a ella rastreando las actuales músicas de los indígenas Cuna, Kogi, Víntucua, Tunebo, Páez, Betoye, Chita, Cunaguasaya o Dobokí, todos pertenecientes a la familia lingüística Chibcha. O bien, buscando los aportes indígenas en la música mestiza de la mesa central colombiana, asiento del antiguo imperio de los muiscas. Lo que sí resultaría imperdonable desidia sería el dejar destruir hoy en día, asistidos por excelentes medios de grabación fónica y análisis técnicos, el repertorio actual de cantos y tonadas, el arsenal de instrumentos y el extraordinario tesoro de las músicas de estas tribus actuales.

Cantos y tonadas indígenas colombianos[4]

Acaidaná. En esta danza de los Catío de Cristianía (sureste de Antioquia) la mujer lleva un cesto de yuyos de cidra y el hombre una bodoquera o cerbatana que es el arma predilecta de los Catío; la mujer grita muquimá (mi marido) y él responde pitáquiri (muchacha bonita) (Padre Betancur V.).

Aconijaris[5]. Bajo esta denominación genérica se comprenden muchos cantos religiosos de los Emberá o Cholo (rama principal de los Chokó). El nombre quiere decir "cosa de Dios para nosotros" y en ellos se alaba al sol (tachajone) y a las fuerzas naturales. A veces podrían considerarse como cantos de cosecha o fertilidad porque en algunos describen las virtudes del sol sobre la naturaleza vegetal. Este culto solar se mezcla con la doctrina católica en algunos sectores ya catequizados y así, haciendo una identificación entre Cristo y el Sol, llaman a este último "mi señorcito salvador" (litoral pacífico colombiano).

Akuanasa Igala. Es canto de ensalmo de los Cuna para curar el dolor de cabeza o cefalea nerviosa.

India del río Verde. Dibujo de A. de Neuville.

---

4   La clasificación por regiones de estos cantos y tonadas indígenas la encontrará más adelante.
5   También se dice *akone-kare*.

Alápacajai o Lloro. Es canto recitativo llorado que los Guajiro (Wayúu) aplican en la ceremonia fúnebre y equivale a las clásicas "plañideras". El *piache* o brujo lo entona desde su chinchorro y al lado del chinchorro del difunto. Es común, como cumplido social, hacer el recitativo llorando cuando se encuentra a alguno de los deudos, aun después de varios meses del funeral.

Amáchoncai. Este nombre, que significa "caballito", indica su condición de canto de ideación poscolombina y se realiza durante las competencias de carreras de caballos. Tal vez su tonada correspondió a una celebración distinta anterior a la venida de los caballos árabes que medraron con gran adaptabilidad en el desierto guajiro. Menos probable parece el uso del caballo que sí fue conocido en América en un tamaño mayor que el europeo o asiático; tal fue el *Equus amerhippus* cuyo fósil fue hallado en la sabana de Bogotá y otros en el continente. También los bovinos vivieron en América (los bisontes de las llanuras mexicanas) y los camélidos (llamas, alpacas, vicuñas y guanacos).

Amma Tólol Iosop. Es el canto del sapo al sol, entre los Cuna. Wassén describe el texto grabado por Rubén Pérez de la versión de Iguanikdiwipi tomada en Alligandi en 1933 (Panamá).

Asu Maket Inna. Rito de taladrar la ternilla de la nariz (asu) para poner una argolla a las muchachas púberes, mediante un canto (maket) y libaciones de chicha (inna), entre los Cuna.

Ataautpo. Es canto de funebria practicado en el "desentierro" de los Yuco-motilón, antes del entierro secundario. Después del entierro primario y pasados dos años se desentierran los restos y se meten en una talega para bailarlos por turno, deudos y amigos, entre libaciones y cantos.

Atuunsa. Toque de la flauta dulce llamada en castellano "de cabeza de hacha", por su forma, de sonido grave y medroso, entre los Yuco-motilón de Perijá.

Bagguima. Canto y danza de los Huitoto, sin datos adicionales.

Baije o Ufánoco. Dice el antropólogo Horacio Calle Restrepo: "Este baile es peculiar de los Huitoto-murui y se efectúa con ocasión de la muerte de una persona. Para esta celebración se matan todos los animales del monte vecino a la maloca del muerto. Esta no es una cacería común y corriente sino que se hace en forma intensiva e implica la muerte de todos los animales, incluyendo culebras y sapos que ordinariamente no serían cazados. Toda esta carne es llevada al baile cuya función se dice ser la de consolar a los parientes del difunto. Durante el baile se utilizan disfraces cuyo significado solo es conocido por los viejos de las malocas. Los personajes disfrazados son:

1. Una mujer, preferiblemente la hija del dueño del baile. Ella se disfraza poniéndose en los brazos una lana amarilla que se obtiene de un oso hormiguero; en su cabeza lleva una corona de plumas y carga en sus manos una canasta llena de maní. Cuando esta mujer baila, ella es *tapio* (mal agüero) y todos los presentes que tengan padres vivos deben retirarse. Sólo permanecen los adultos y viejos cuyos padres han muerto ya.

2. Un hombre, disfrazado igual que la mujer y quien lleva en su mano una maraca cuyo interior está lleno de bolitas óseas llamadas *garada*. Estas bolitas se obtienen del oído interno de la boruga. Los demás bailarines entran disfrazados de *Joma* (micos maiceros). Este es el único disfraz utilizado en este baile. En él se entra con bastón de baile pero no se le utiliza"[6].

Bakuna. Tonada y canto de los Tunebo. Acompaña al bautizo y se canta en la lengua fósil de los *karekas* o brujos, llamada *paleotegría*.

Balseos. Recitativos tonales en las balsas, propios de los Ingano.

Banacué. Esta melodía de los Puiñave (Sáliba), del Guaviare, tiene la particularidad de que se utiliza para cantos de arrullo, amatorios o fúnebres, distinguiéndose únicamente por la letra del canto.

Bayí waipéori. Dice el antropólogo Gerardo Reichel-Dolmatoff: "Aproximadamente a la edad de tres años se celebra el ritual por el cual el niño recibe su nombre. La ceremonia se llama así (de *bayíri*: invocar; *waí*: nombre y *péori*: dar). La familia nuclear y otros miembros del *sib* se reúnen en el puerto, es decir, el lugar donde el cordón umbilical del río comunica al individuo con la tierra, y el *payé* invoca al sol para que dé vida al niño como parte de su reflejo"[7]. Del puerto, la familia se dirige ahora hacia la maloca y entonces oficia el *kumú*, quien da vueltas alrededor de madre y niño hasta llegar a la puerta de la vivienda. Allí el *payé* hace nuevamente sus invocaciones, esta vez para pedir que el niño sea "invisible" detrás de la cerca mágica que rodea la maloca. Entrando por la puerta principal el *kumú* recibe al niño para introducirlo a la "protección de la sombra". El *kumú* dice: "Tal como tú saliste de una parte fecunda, así entras ahora a vivir en una parte fecunda y a su sombra protectora". El simbolismo uterino de la maloca se menciona varias veces durante estas invocaciones y luego el grupo se dirige hacia el centro de la maloca, donde el *payé* se pone de pie, con su lanza sonajera en la mano. Hace una corta invocación en voz alta, dirigida al sol, en la cual dice: "Para los malos espíritus tu cuerpo será invisible: las culebras venenosas se irán por otro lado y no por donde tú estás. Una cerca

---

6   *Revista de la Dirección de Divulgación Cultural de la Universidad Nacional*, No. 3, 1969.
7   *Desana*, Universidad de los Andes, departamento de Antropología, Editorial Revista Colombiana de Folklore, 1968.

Baile en el río Verde. Dibujo de A. de Neuville.

te protegerá contra los jaguares malos. Tu vida será tranquila porque el banco en que te sientas te servirá no sólo para el descanso, sino también para la reflexión". En seguida el *kumú* comienza a recitar el Mito de la Creación, seguido por el de la llegada de la humanidad en la Culebra-canoa. Recita luego la genealogía del niño, desde el primer progenitor de su *sib*, hasta la actualidad. Finalmente impone al niño un nombre, generalmente de un animal asociado a su *sib*. Por ejemplo, al darle el nombre *umusí* (oropéndolo) el *kumú* dirá: "Te llamas *umusí* por la hermosura de sus plumas; tu vida será como un reflejo de luz; tus costumbres van a ser buenas. Vas a ser un hombre que tendrá buenas relaciones con otras tribus". El *kumú* invoca a los espíritus tutelares para que cuiden al niño durante toda su vida y luego invoca al adorno del sol (*abé buyá*) y pone al bautizado "una partecita del reflejo". El término *buyá* significa también semen, de manera que el niño participa ahora en la fuerza fertilizadora del sol. El *sib* o *fratría* es la familia extensiva, es decir, la familia nuclear (padre, madre e hijos de ambos) reunida a otras familias nucleares que conforman la parentela (hermanos y hermanas de los padres y los hijos de estos hermanos). El *payé* es un sacerdote tribal y el *kumú*, superior a éste, una especie de sumo sacerdote.

Bico anamú. Canto de los Huitoto que se acompaña con el maguaré o con el bastón de sonajas vegetales en el puño.

Bienvenida. Entre los Cuna este canto ritual consiste en que el visitante se sienta a la entrada de la casa que visita, sobre un banco, al pie de uno de los estantillos o "jaguares" de la maloca. El dueño de casa o anfitrión se sienta en otro banco, frente al primero y comienza a cantarle. El visitante, según la cortesía establecida, debe responder las mismas palabras y frases que dice el dueño de casa y procurar que el tono y melodía del canto sean igual al que escucha. Si pronuncia mal las palabras, lo que cambia su significado, todo le es dispensado en razón de que no domina el dialecto.

Biribiche. No hay datos sobre este canto sino una partitura convencional publicada en boletín misional sobre los Huitoto.

Boréka Piru Bayári. De éste dice Reichel-Dolmatoff en la obra citada: "Otro baile frecuente se llama así y significa 'trucha-culebra-bailar', en el cual toman parte no solo los miembros del *sib* Boréka, sino de cualquier otro *sib*". Según la mitología, cuando la suegra de la Hija de la Trucha bañaba por primera vez al niño de ésta en el río, vinieron las truchas y se refregaron contra el cuerpo del niño, en señal de reconocerlo como miembro de la familia; el baile imita esta escena, en tanto que se forman parejas de hombres y mujeres que se enfrentan. El hombre roza su cuerpo contra el de la mujer enfrente, retrocede luego tres pasos y otros tantos de lado hasta enfrentarse con otra pareja y repetir el acto. Al mismo tiempo se canta enumerando los diversos aspectos del pescado, las manchas, las escamas, sus colores, etc.

Baxsó Bayári. De éste dice el mismo autor: "En el baile llamado así (de *boxsó*: curí) se imitan los movimientos de este pequeño roedor. Se describe cómo el animal, muy inquieto, salta por aquí y por allá, de un modo imprevisto. Los bailarines por parejas imitan estos saltos, cambiando rápidamente de grupo a grupo; caminan en zigzag, cambian súbitamente de pareja y corren por entre las filas de los demás".

Cabrita. En este festejo guajiro se sacrifica una cabrita y se realizan cantos y danzas. Se celebra con diversos motivos: una petición de mano o boda, un compromiso social, etc. Por la aplicación del nombre del animal sacrificado parece ser posterior a la Conquista, aunque podría ocurrir que los Guajiro lo celebraran con sacrificio de otro animal, nativo éste, como el venado.

Cacería del mico. No hay datos sobre este canto de los indígenas Yuco-motilón de la serranía de Perijá.

Cacería del tatabro. Como el anterior, sin datos y de la misma tribu.

Cachirí. Es la fiesta de libación y la bebida (chicha de bananos) entre los Tatuya, Barasana y Makuna (Tucano).

Cachirí. Como el anterior pero practicado por los Piratapuyo.

Cahubi Huedi. Ensalmo para quitar la fiebre producida por el pique del ají, entre los Cuna.

Campanucana. No hay datos sobre este canto de los Kogi.

Canta-jai. Canto de ensalmo médico o conjuro que interpreta el *jaibaná* o brujo hechicero. La raíz *jai* de su nombre indica el carácter sagrado del canto y en él se percibe muchas veces la sílaba responsorial que es *jai*. Corresponde a los Noanama.

Canto de guerra. En este ejemplo de los Yuco-motilón se observa que, más que un canto, el desarrollo es una improvisación de gritos de guerra destinados a exaltar el ánimo belicoso.

Canto del tambor. Festejo de los Cocama por fabricación del tambor.

Carichipari. Es un canto de bodas que conserva entre los Emberá o Cholo su pureza tradicional y se realiza en forma antifonal. Una anciana, acompañada por el toque de un pequeño tambor (tondóa), va diciendo frases de elogio a los desposados. Una o dos voces femeninas hacen el responso de la letanía con un estribillo constante que dice: *ee...carichipari*. La fuerza persistente de esta monodia señala el carácter ancestral y de índole mágica.

Indio del río Verde. Dibujo de A. de Neuville.

Carichipari. Con el mismo nombre del anterior, este canto de los Noanama se acompaña de tambores y otros instrumentos informales. Ha perdido autenticidad y resulta una mala copia del verdadero carichipari de los Emberá.

Carnavalito. Este festejo informal acusa, entre los Camsá de Sibundoy, notoria influencia del de los Ingano.

Carnavalito. Sin lugar a dudas, este canto de los Ingano (familia Quechua) conserva las características rítmicas y melódicas del aire de igual nombre entre los indígenas de Bolivia.

Cativia. No hay datos sobre esta danza de los Piapoco y Sáliba.

Cócora. Es el nombre del gorro de hojas de "rascadera" u ortiga que se pone a las muchachas núbiles en el período prematrimonial entre los Tunebo, después de motilarlas. Este festejo dura varios días y se acompaña del canto del mismo nombre.

Coñore. No hay datos sobre este canto de los Tunebo y su danza.

Cosecha. No se ha obtenido el nombre propio de este canto Páez.

Cuna (de). Es un arrullo de los Catío mansos de Risaralda.

Cuna (de). Entre los Yuco-motilón hallamos uno de los ejemplos más hermosos de arrullo o canción de cuna.

Cheisa o Cheika. Es el canto de la cataneja (guacamaya) entre los Kogi de la Sierra de Santa Marta.

Chicote. Canto y tonada de los Sanká o Malayo (Sierra de Santa Marta).

Chicha (de la). No se ha informado del nombre de este canto Kogi.

Chicha (de la). Igual cosa sucede con este canto de los Noanama.

Chichamaya. Su etimología no corresponde a las voces *chicha* y *maya*, como erróneamente se ha afirmado. Es un pugilato danzado de tipo matriarcal con que los Guajiro ritualizan las bodas y otros festejos. En su danza la mujer lleva todas las prerrogativas pues sólo ella puede danzar hacia adelante, en tanto que el hombre debe hacerlo de espalda. La mujer danza en pasos muy menudos y rápidos y puede pisar los pies del hombre o ponerle zancadilla; éste va saltando hacia atrás (en pasos de "caballitos" de los juegos infantiles). Se acompaña de la música exclusiva del tambor llamado *kaacha* o *kaachi*. Su verdadero nombre es *yonna* entre los Wayúu (Guajiro).

Chichi pékue kui. Se canta al picar la carne del festejo de los Páez en los matrimonios. (Véase *Mesada.*)

Chiro bakínkaba. Nombre que traduce "pobre hombre" y es tonada y danza de los Kogi; es canto burlesco al hombre flojo.

Chiruru. Corresponde a los Makuna (Tucano); se acompaña de *vebós* o capadores y de *nasas* o maracas.

Roberto Pineda Camacho relaciona así el Chiruru o Chiruro: "Una fila de hombres, hombro contra hombro, la mano izquierda sobre el hombro del compañero del lado, iban tocando flauta. Avanzaba de la puerta de la maloca, caminando, y luego dando vuelta entera, se devolvía hacia la puerta y así sucesivamente. Las mujeres se colocaban entre los hombres, sin romper la fila y los acompañaban en el recorrido sin cantar ni tocar ningún instrumento. En este tipo de baile nadie canta. Los dos o tres makunas que hay en el Aduche eran los más diestros en el Chiruru, por lo cual los Andoque les dejaban la dirección de esta danza. Cuando hay muchos bailarines se rompe la fila y se forman varios grupos pequeños. Las mujeres vienen y se incrustan entre los hombres".

Chontaduro. Canto de libación y preparación de la chicha de chontaduros entre los Bora (sector de los Huitoto).

Chontaduro. Lo mismo que el anterior, entre los Muinane (sector de los Huitoto).

Chontaduro. Rito del chontaduro o baile de los pescados. Los Andoque del Caquetá conservan esta danza que en la descripción que de ella nos hace Roberto Pineda Camacho, dice: "El baile está dividido en dos fases: la primera llamada 'baile del Tori' o de máscaras y la segunda, la del propio Chontaduro o baile de los pescados. Este último revive varios acontecimientos ocurridos en un tiempo inmemorial, en el río Quinché, afluente del Caquetá, más abajo del Aduche (quebrada). Rememora la tragedia de los 'vivientes del agua' al ser barbasqueados por su cuñado, el Yulo; de esta barbasqueada sólo muy pocos pudieron escapar saltando a la quebrada de la Loba, afluente del Quinché. El Yulo les había robado el chontaduro (fruto de la palma de Cachipayes) a los pescados. Éstos, en represalia, lo brujean, lo dejan inválido en la bocana en donde ellos habitan. Con artimañas y con la complicidad de su mujer (doña Pescado Sábalo) aquél vuelve a su morada, Quinché arriba, no sin antes invitar a los pescados a tomar chicha de chontaduros en casa de él. Los habitantes de la bocana quedaron atrapados en el caño por una empalizada que les impedía volver corriente abajo, y así iban a ser envenenados por el barbasco machacado en las aguas del río. En el baile de Tori (máscaras) los distintos animales van acercándose a la maloca a solicitarle al Yulo o a reclamar la chicha que se robó aquél. Este rito celebra la adquisición del chontaduro, la expropiación a los pescados del monopolio de cultivar esta palma, la única que hay sembrada por los Andoque y cuyo fruto se consume cocinado o se prepara en forma de bebida".

Chuvay. No hay datos sobre este canto y danza de los Achagua.

Dada kurgin Huedi. Canto para la fiebre por insolación entre los Cuna de San Blas (Panamá).

Danza de festejo. No se ha consignado el nombre que le dan los Cocama.

Ee-de-dei. Nombre de fonética figurada en la nomenclatura de la Expedición colombo-británica de Uscátegui, Mosler y Taylor en 1962; corresponde a los Noanama de Cabeceras y Palestina.

Eiki-butaiti. Canto y melodía de los Huitoto; sin datos.

Ei-ya-a. Fonética figurada en la nomenclatura del padre Igualada sobre algunos cantos de los Huitoto; no hay datos.

Erag. Dice de ella el doctor Calle Restrepo: "Es un baile para estrenar casa. El dueño de la casa ofrece el baile y tiene que repartir carne y casabe. No se usan disfraces. Para llevar el ritmo se utiliza una varita delgada. Las canciones hacen referencia a la construcción de la casa". Pertenece a los Huitoto.

Festejo. No hay datos sobre esta música de los Cocama grabada por *Ethnic Folkways Library.*

Fijgo. Es un canto de guerra según nos dijo Jitoma Náguere cuando lo grabó para Calle y Abadía; es de los Huitoto.

Fikkaba. Este canto de fertilidad o cosecha corresponde a la aparición periódica de la mariposa nocturna llamada "fikkaba" y que según los Muinane anuncia la llegada del tiempo seco o verano, como la golondrina en Europa. Fray Alberto de Cartagena dice: "Estas mariposas vuelan sobre los pantanos durante la noche y de día lo pasan durmiendo en el tronco de determinado árbol llamado 'igmo' en muinane. Estos animalitos son suma-mente apreciados por los indios, que les atribuyen poder sobre el tiempo. Dando la bienvenida a la mariposa fikkaba cantan: *fikkaba goe kuba me, gachaká ume, gachacá gara ume*, frase que repiten sin cesar, dándole cada vez un tono diferente".

Gaweta-basá. Este canto y danza de los Tucano debe referirse a un símbolo totémico, pues su nombre traduce "águila-danza".

Golondrinas. No hay información sino grabación de este canto Tunebo, realizada por Helena Pradilla.

Guarkuna. Canto del "yerbatero" y su danza; es de los Tunebo.

Guaya. Es el nombre de la chicha entre los Catío y de su canto.

Guerra (de). No hay nombre indígena registrado para esta danza y canto bélico de los Tucano.

Gwishnesh. El nombre de este canto de los Yuco-motilón es al parecer onomatopeya de un pajarillo negro selvático.

Huabú Daité. Es el rito de la mesa o comida entre los Emberá.

Hued ina húnaedi. Ensalmo para quitar la fiebre general; es Cuna.

Humarí. Es el nombre indígena que dan los Bora a un fruto cultivado de forma parecida al aguacate o palte. "Se distinguen dos clases por el sabor y el color: el amarillo oro llamado *nimae* y el morado oscuro llamado *jubé*. El indígena tiene una predilección especial por esta fruta y espera ansioso la cosecha, llevando minuciosa cuenta de los veranos e inviernos que se necesitan para su madurez. El canto dice: 'Me voy al puerto llevándome humarí para comer; me llevo amarillos y morados'. Esto lo repiten hasta la saciedad" (Fray Alberto de Cartagena). Es de los indios Bora del Amazonas.

Iddíre. Preparación y libación de la chicha de bananos o cachirí entre los Barasana.

Inabe-nabe. Rito con canto fúnebre de los Jiduas (familia Huitoto) en que dice: *Inabe-nabe-nabe-inabere nabe irocu-cui* (ya se desprende el racimo del canangucho). Canangucho es uno de muchísimos nombres de la palma de chontaduro y tiene implicación con ritos de funebria entre los Huitoto.

Ine machuki. No hay datos sobre este canto de los Bora.

Inna Ipet. En este canto de anfitriones, de los Cuna, la voz *inna* significa chicha; *inna* indicaría remedio o medicamento.

Inna Mutikkit. Es el festejo de libación que dura una noche; cuando es de dos noches se llama *Inna tun si kalet*; es Cuna.

Inna Nuga. No hay datos aunque podría ser el mismo *Nog Igala* o himno de la bebida, o tal vez el *Noga Kope* o *Nokop* designado en esta lista; es Cuna.

Inna Suit o Kopet. Es el festejo de la chicha que dura cuatro noches; es Cuna.

Inna Túmadi. Es la parte del festejo simultánea con el corte del cabello de la niña púber en el Yayganagadi; es Cuna.

Jai-jari o Jai-kari. Canto de ensalmo médico entre los Catío, equivalente al *Canta-jai* de los Noanama.

Jaiyue. "Es baile de culebra. Se cantan adivinanzas y se lleva una hoja de palma" (H. Calle R.). Corresponde a los Huitoto.

Jambe-jambe. No hay datos sobre este canto de los Yurutí (Tucano).

Jatdiko. "Este nombre corresponde a un palo hueco sobre el cual danzan. En el canto manifiestan alegría por haber encontrado un buen *jatdiko*. Explican así su historia: fue derribado por un huracán y cuando el dueño iba a la cacería del cerrillo (tatabro o cerdo de monte), se lo encontró y se lo hizo llevar a su casa" (Fray Alberto de Cartagena). Es de los Huitoto. Sobre el *jatdiko* dice el profesor Calle: "Yadiko es el baile principal. Sólo pueden hacerlo jefes tribales o sus descendientes directos por la línea masculina. Representa al tronco principal del palo de la yuca, el cual se reservó para sí el propio Buinaima, padre de la yuca, quien después de instruir a su gente en cómo hacer el baile se retiró a los ríos y tomó el nombre de Noino Buinaima, con el cual es invocado en todas las canciones típicas de este baile. Este personaje se identifica con el boa, y el tronco de yadico es su representación artística. El tronco de yadico se obtiene de un árbol de madera dura que los Huitoto llaman *siore*. El tronco mide de unos 15 a 20 metros de longitud y es ahuecado para que sirva como caja de resonancia. Su superficie se pinta de blanco y sobre esta superficie se pintan diseños en rojo que representan en los extremos del yadico a un hombre y una mujer y en la parte intermedia los diseños representan al caimán y el boa (güio).

Rancho de indios cuaiqueros. Dibujo de Riou.

En la danza el tronco se golpea con los talones y como éste es hueco se produce una resonancia que se escucha a lo lejos. Algunos bailarines se revisten de máscaras hechas con tela de corteza de árbol y madera. Estas máscaras representan animales tales como micos maiceros, mariposas, martín pescador y otros que tienen gran importancia en la mitología huitota. Fuera de las voces de los cantantes y el rítmico golpear de los pies sobre el tronco del yadico, se tocan en este baile los siguientes instrumentos: *reribácue* (flauta de Pan o caramillo), *gagukai* (flauta delgada y larga), *judue* (flauta gruesa de guadua), *sikano* (pitos hechos con el cráneo de una especie rara de sapos) y *firisai* (cascabel hecho de varias pepas de palma atadas con fibras de cumare)".

Jiameka. Es el nombre huitoto del cernedor. Es una hermosa melodía cuya explicación dice: "El indígena no sabe fingir cuando alterna con sus semejantes. Por eso, a pesar de ser ellos los invitados, no tienen reparo en lanzar esa expresión de disgusto que han sentido al acercarse a tomar la *kawana* (chicha de yuca) y encontrarse con que está mal preparada o grumosa. Pero mitigan en algo su queja echando la culpa al cernedor (jiameka) que no servía por demasiado estropeado" (Fray Alberto de Cartagena). Hoy se realiza, completamente deformado, para turistas en Leticia.

Jombaime. Es un canto de guerra de los Huitoto.

Juckui. No hay datos sobre este canto Huitoto.

Jukofo. De esta danza dice el doctor Calle: "Es baile de corteza de árbol"; no se cantan adivinanzas. Se baila con una cinta de *jugafe* (tela de corteza) decorada con colorantes vegetales y atada a la cabeza. Es de los Huitoto.

Jussie. Este es el nombre de la yuca brava entre los Huitoto. Según el padre Cartagena, es un canto danzado que se ejecuta al reparto de la *kawana* (chicha de yuca brava). "Los dueños de casa (marido y mujer) cogidos del brazo y con sendas totumas de chicha en la mano libre, se dirigen cantando y danzando hacia el lugar en donde se encuentran los que deben ser obsequiados, dándoles esa prueba de atención personal. En el canto se habla de los trabajos que requiere el yucal, desde la siembra del palito hasta cuando se bebe la *kawana*. Se menciona también al sol *(jittoma)* que, si bien es necesario para calentar y hacer producir la yuca, a veces su calor es tan ardiente que no deja dedicarse a los trabajos de la sementera sino por breves ratos".

Kaja-keño. Este canto y su danza se denominan así por el nombre de la hormiga arriera; en ellos se pide a la hormiga que no haga daño al cultivo de la yuca y que ésta crezca pronto. Pertenece a los Murui de La Chorrera y Último Retiro (Amazonas).

Kalis Igala. Canto del reparto de la pesca entre los Cuna.

Kanil Namaquedi. También *kaninamaket*. Canto y tonada de los pollos de monte o gallinas entre los Cuna. Puede ser deformación de la voz gallina *(kanina)*.

Karakeney. Canto de viaje de los Yuco-motilón; en él se perciben las células rítmicas del torbellino de Santander; el torbellino, de la zona andina, es curiosamente un canto funcional para romerías y viajes.

Kererije Ragoda. Los *kererijes* son cantos de anfitrión entre los Huitoto; llevan por eso nombres propios, según el oferente del festejo.

Kererije Kaburaji. Variante del anterior.

Kertakraish. Canto de cosecha alusivo al pájaro tucán entre los Yuco-motilón.

Kulá ik kui. Se realiza cuando se mata al toro en el festejo Páez de la Mesada.

Kuperibajche. Este canto de los Bora-miraña sólo es conocido por nosotros en partitura musical de las misiones.

Kurgin Igala. Es un canto cerebral de los Cuna; ensalmo médico.

Lasika-basá. Su nombre significa camarón-danza; es de los Tucano.

Machi tola kanarkii. Es arrullo de los Cuna.

Machinkoina. Es parte del *canta-jai* Noanama (ver clasificación, página 175).

Magina. Es canto de ensalmo médico equivalente al *canta-jai* pero correspondiente a los Emberá.

Maguaré (del). Canto relativo al tambor de señales entre los Murui.

Maket kurgin Huedi. Ensalmo para quitar la fiebre de los cazadores entre los Cuna.

Marai. Según el antropólogo Horacio Calle Restrepo, "este es un baile para conmemorar el bautizo de un niño o su cumpleaños, o para un matrimonio". Tratándose del bautismo, el padre del niño escoge a uno de sus amigos íntimos para que sea el capitán del baile, tomando así para con el niño una relación muy semejante a la de padrino. El capitán llega al baile con un carguero hecho de tela de corteza de árbol y que son usuales entre las mujeres con niños que aún no caminan. El carguero es decorado con diseños geométricos, utilizando colorantes vegetales. La madre lo usa colgándoselo de un hombro, a través del pecho y colocando en él al niño, quien queda descansando sobre las caderas de la madre. El capitán o padrino lleva en este carguero, en lugar del niño, una pieza de cacería como una boruga, por ejemplo. A medida que canta y baila, el capitán va repartiendo esta carne cambiándola por maní. Es más común entre los Muinane, grupo o sector de los Huitoto.

Marie-marie. No hay datos sobre este canto de los Miraña (Huitoto).

Mariposa. Este canto y danza Noanama se halla en grabación magnetofónica, tomada por la Comisión colombo-británica (1962).

Masartule. Canto de funebria de los Cuna.

Matrimonio. Este aire no corresponde sino a la tonada y danza del festejo de bodas de los Guambiano y se complementa con la "danza de los novios". Es curioso que entre los guambianos no haya tradición de cantos o por lo menos ellos no los ejecutan jamás.

Maxá Bayári. En esta danza de los Desana, el nombre corresponde al uso de una corona de plumas de guacamaya (maxá) y –como lo explica el antropólogo Reichel-Dolmatoff– hay un elemento erótico en ella basado en el simbolismo del color amarillo de las plumas que expresa la fecundidad del Sol.

Maxká Piru Bayári. Como explica Reichel: "Un baile colectivo se inicia generalmente con *maxká piru bayári* (pueblo-culebra-bailar), un nombre que se deriva del de una culebra grande cuya pinta se dice representar un caserío y *pamurí gazsíru* (línea divisoria entre hombres y mujeres en la colocación de las fiestas), pues tiene manchas verdes, amarillas y negras. Se dice que esta culebra al moverse se voltea mucho 'como una quebrada' y el baile imita estos movimientos, entrecortándose las filas, separándose nuevamente para unirse otra vez en formas diversas. Los bailarines se mueven en zigzag, volteando y regresando rápidamente a su lugar de partida, todo con pasos ligeros y en un ambiente de gran alegría. La idea subyacente a este baile se conecta en parte con el concepto de que las culebras son los procreadores de los peces y que, imitándolas, los hijos de los bailarines serán 'de mucha suerte como pescadores'. Por otro lado, la actitud de pescar simboliza, para los Desana, el coito, y 'conseguir pescados' expresa aquí la exogamia con mujeres de las fratrías pescadoras, o sean Piratapuyo, Micro-tucano y Uanano".

Menelitu (?). El nombre usual de este canto de los Makú podría señalar una deturpación de la voz latina usada en los cantos misionales, para la misa, *benedictus*.

Menisai. "Según el mito de la creación, Buinaima dio a su hijo mayor Menig Buinaima una de las ramas del palo de yuca y el derecho de ser el dueño del baile de *menisai*. Durante este baile se come carne de *charapa* (tortuga) o *yomenico*, tortas de yuca hechas en forma de tortuga charapa. En este baile se tocan los mismos instrumentos que en el yadico pero no existe el tronco de yadico. Se utilizan *tukuguna* o sea bastones de madera de dos metros de largo. Cada hombre tiene uno de éstos y lo golpea rítmicamente contra el suelo para llevar el compás de su canción. Aunque estos bastones son utilizados en otras clases de bailes, en el *menisai* presentan una característica especial: cuando los invitados se acercan a la maloca del baile encuentran clavado en el suelo, a poca distancia de ésta, uno de tales bastones plantado allí por el dueño del baile para indicarles a los invitados en qué forma deben decorar sus respectivos bastones. Esta decoración consiste en fajas horizontales de color rojo y negro en la parte superior del bastón. Esta costumbre se basa en un mito Huitoto según el cual Menig Buinaima dio uno de estos bailes en ese tiempo originario cuando los animales eran gente. Al baile se presentó *nmaido*, o sea el cuzumbo o coatí, quien tenía fama de ser muy orgulloso y pendenciero. Debido a su actitud hostil hacia los demás, Menig Buinaima arrojó a todos los *nmaidos* del baile hacia el monte y detrás de ellos les tiró sus bastones de baile y por eso ellos tienen la cola así pintada con fajas rojas y negras como un bastón de *menisai*. Igual que en el yadico se emplean máscaras. Es el hijo mayor del jefe quien, siguiendo la tradición mítica, tiene el derecho a organizar bailes de *menisai*. Cuando el jefe muere su hijo mayor pasa a ser el dueño del yadico, y el hermano siguiente pasa a hacer *menisai*, a no ser que el hijo mayor tenga descendencia propia y entonces el puesto queda vacante hasta que el niño crezca" (H. Calle R.).

Mesada (la). Este festejo de los Páez, un poco complejo, ha sido descrito por el doctor Segundo Bernal Villa (destacamos sus aspectos más importantes): "Las siguientes son las composiciones de tipo ceremonial que no van acompañadas de danza: *kulá ik kui, plaza pa kui, misa kase kui* y *chichi pékue kui* que se describen en las entradas correspondientes. Otras son: *novio mesa kui*, *upiate kui* y *tunzi kamba kui.* Del informe a la Junta Nacional de Folklore realizado en julio de 1964, destacamos la música que tocan en calderas los indígenas Páez dentro de una casa, en la fiesta llamada de *La Mesada*, el día 23 de junio por la noche, víspera de San Juan: 1o. melodía llamada de *La Mesada;* 2o. aire musical llamado *bambuco;* 3o. aire musical sin título. En la procesión del día 24 por la mañana ejecutan la música que acompaña a la vuelta de la plaza, la de la procesión dentro de la iglesia, al terminarla. Los aires musicales son: kuiya, himno de calderas, bambuco, el amanecer, la despedida y toques varios de flautas y bombo. En el encuentro del *albacero* con el *fiestero* cada uno lleva su conjunto musical, integrado así: el del albacero seis flautas horizontales y un bombo; el del fiestero tres flautas horizontales, un bombo, un redoblante y una pandereta".

Meyeremit. Este canto y tonada de los Yuco-motilón es festejo de libación de chicha, exclusivamente masculino, pues hay también libaciones de chicha exclusivamente femeninas o bien mixtas.

Micos (de los). No hay datos sobre este canto de los Tunebo. En su lengua, mico es *sitramá.*

Misa kase kui. Se realiza al terminar la misa entre los Páez.

Moscos (de los). No hay datos de esta tonada de los Guajiro o Wayúu.

Mu Igala. Ensalmo médico para ayudar al parto entre los Cuna.

Muina. Dice el doctor Calle Restrepo: "Es baile de los Huitoto Muinane. No se cantan adivinanzas sino canciones de animales. Se lleva una varita delgada a este baile pero se bota al entrar en la maloca".

Murui. Tonada y canto de la danza de igual nombre entre los Huitoto. Se cantan adivinanzas y se lleva en la mano un ramillete de helecho (jocome).

Muzusíru Tári. En el texto del profesor Reichel sobre los Desana se denomina también *muxuséru tári.* Dice el antropólogo citado: "Las máscaras aparecen en algunas ocasiones ceremoniales, como en el caso del *muxuséru tári* (cortar uñas), *bayí waipéori* (bautizo), la iniciación de jóvenes de ambos sexos, la consagración de una nueva maloca y algunas reuniones de inter-cambio de comida. A los pocos meses de nacido el niño, se celebra un pequeño ritual llamado *muzusíru tári* (cortar uñas). El padre del niño designa una *madrina* que debe ser una mujer de otra tribu, generalmente de la familia de la madre del niño y ésta corta las uñas al bebé y las quema. La palabra *muxusíro* (uña) se relaciona con *moxó* (mano) y en un sentido más amplio con arma; de ahora en adelante el niño tendrá armas buenas. Las uñas simbolizan 'las suciedades de este mundo, las costumbres malas'. Con este ritual la madrina anticipa una alianza en el futuro, parecida en su significado como la que establece el cortar el cordón umbilical". Observemos que en el mestizaje de Boyacá y Cundinamarca también se acostumbra el ritual de cortar las uñas al niño pequeño y la designación de "madrina de uñas".

Naboed Inna. Se realiza al cumplir un año del primer menstruo o *surba inna*, entre los Cuna.

Nahu-basá. El nombre de esta danza Tucano traduce *casabe-danza*.

Naibe Namaquedi. Se utiliza entre los Cuna para ahuyentar las serpientes de los sembrados cercanos a las casas, sin darles muerte, porque se considera que son importantes aliados de la agricultura al destruir muchos insectos nocivos.

Nalup nacruz Igala. No hay datos sobre este canto de funebria de los Cuna.

Nana pe mesoke. Nombre o primer verso de un arrullo de los Cuna.

Nanimyket. Este canto de los Yuco-motilón corresponde a la libación de chicha, exclusivamente masculina.

Naniwatro. Es una parte del ceremonial de desentierro llamado Yomai-kut, en la funebria de los Yuco-motilón.

Nangkokut. Canto y tonada de la cosecha del maíz y libación de chicha femenina entre los Yuco-motilón.

Nasa-basá. Canto y danza de las maracas *(nasa)* entre los Tucano. Es ensalmo médico con toque de *ja-jauculi* que es la maraca propia de los ancianos.

Nelgan Igala. Canto que relata la leyenda de los *neles;* es Cuna.

Netuara-joré Daité. Canto de ensalmo médico de los Emberá, cuyo nombre significa que *netuara* (el demonio) debe sacarse del cuerpo del paciente.

Nia Igala. Canto de ensalmo médico de los Cuna para curar la locura obsesiva y no esquizofrénica.

Niga Sapin. Es una historia o relato de aventuras entre los Cuna.

Niko-taí. Canto indeterminado de los Makú.

Niño enfermo (del). Canto de los Cuna; ritual médico.

Nogaswerke. Este canto forma parte del rito de pubertad Cuna.

Nokop o Noga Kope. Canto y danza de bebida (*noga:* totuma y *kope:* beber). Parece no ser el himno *nog igala*.

Novio mesa kui. Se realiza cuando comienza el banquete de los novios entre los Páez; también figura *novio mesa úku*.

Novios (de los). Danza de los Guambiano que se desarrolla en dos filas fronteras (hombres y mujeres por parejas) y moviéndose en avances y retrocesos de toda la fila; el paso de rutina consta de tres tiempos: un paso adelante, otro a izquierda y otro a derecha, con retroceso a la posición inicial; los ojos de hombres y mujeres miran al suelo y el rostro permanece casi inexpresivo durante el desarrollo de la coreografía.

Nubá o Nubaco. Nombre que significa "cuclillo" o coclí que es la lechuza y corresponde a canto y danza Kogi.

Nunotana. Tonada y canto de desentierro entre los Yuco-motilón.

Nusa Igala. Ensalmo en que se emplean piedras medicinales. Es de los Cuna del Darién y de San Blas (Panamá).

Nya. No hay datos sobre este canto y danza de los Yagua.

Nyama Rihoa-Basá. De los Tucano; *nyama* es venado y *basá* danza; posiblemente es de cosecha o cacería.

Ofrenda (la). Festejo general de los Páez de Tierradentro.

Okima. No hay datos sobre esta tonada Huitoto.

Omé-omé. No hay datos sobre esta tonada de los Emberá.

On Maquedi. También *on-maket*. Rito de explicar la doctrina indígena entre los Cuna.

Oré Baydú. Tonada de funebria entre los Desana (Tucano).

Pachicú mena. No hay datos sobre esta tonada tucana.

Pájaro Wala. Tonada y canto de los Cuna, sin especificaciones.

Palma (de la). Tonada y danza de los Piapoco y Sáliba.

Palomita. Tonada y canto de los Kogi, sin nombre nativo.

Pani kala pani. Primer verso de la canción de cuna de los Cuna; se designan así estas canciones como ocurre en el mestizaje, en el área campesina y en la nomenclatura universal.

Pap Igala. Canto de la creación del mundo entre los Cuna.

Cuidados maternales y elaboración de guarapo.
Dibujo de Ch. Delort.

Parko Igala. Canto de la cáscara entre los Cuna.

Pavas (de las). Canto de los Tunebo. Pava es *róbtara*.

Pelazón. Canto nupcial de los Ticuna. Es particular en el canto la alternancia de fonemas agudos y graves así como la voz muy alta de tono en el hombre.

Pesca (de la). Canto y tonada de los Tucano especialmente de las tribus Barasana y Tatuya.

Pikkígui. Es un canto al chontaduro, propio de los Rossígaro. La disposición de los danzarines es diferente a la de otras danzas de los Huitoto. El padre Cartagena dice: "En el centro está la gran olla de barro cocido y barnizada al fuego que contiene la chicha de chontaduros. En su superficie flota el único mate con que tomarán todos. Moviéndose alrededor de la olla se sitúa el cantor y detrás de él, en círculo, el grupo de los demás que toman parte en la danza. El único que canta es el que está cerca de la olla y lo hace en voz baja y con movimiento estacionado. Los demás le siguen. El solista canta: 'Pipíri, pipíri, pipíri/ya no ma giá/rejuú úa pímari i gé'. Aquí de pronto da dos o tres pasos largos al lado de la olla y elevando la voz continúa y repiten los demás: 'Kavayú na a vayú/pimarí na vayú a vayú'. Y van repitiendo hasta que se cansan y se acaba el canto con un 'a...a...a' largo y coreado. En la danza del chontaduro (equivalente entre los Bora al *pikkígui* de los Rossígaro), los danzarines se pintan todo el cuerpo de morado, lo mismo hombres que mujeres. La danza tiene dos partes: 'En la primera se disponen los hombres en fila, como si entrasen en la casa. Las mujeres van detrás y en una mano llevan, unas, un mate con *kawana* de chontaduro; otras, un canastico de frutas o maní y con la otra mano se apoyan en el hombro del danzarín que va adelante, siguiéndole en movimiento y canto. Algunos acompañan con flauta o pito moviéndose lentamente hacia el interior de la casa y cantando todos. Después, obedeciendo a la orden del canto, toman *kawana*, las mujeres dejan al lado de la olla grande lo que llevan en la mano y continúan la danza hasta que se cansan'" (Fray Alberto de Cartagena).

Plaza pa kui. Se realiza cuando los músicos llegan a la plaza en el festejo de *la mesada*, ya descrito entre los Páez.

Pono (del). Tonada para la danza de igual nombre. Ignoramos el significado de esta palabra indígena. ¿Corresponde a los indígenas del río Yarí (Caquetá), grupos Guahíbo, tribu Pamigua?, ¿o familia Huitoto, tribu Ocaina? ¿Bora-miraña? Sólo conocemos un grabado antiguo que nos muestra un rito, al parecer de fertilidad o iniciación, pues el *curaca* o brujo, provisto de un largo látigo, golpea violentamente el suelo en diversas direcciones para demostrar su voluntad de llamar a la tierra para que produzca cosechas. El atavío consta de una larga capa pluvial de paja, grebas de lo mismo y un elevado gorro de palma adornado con plumas y flores. Un sacerdote de gorro más elevado aún, preside la danza que los demás (iniciados) van imitando.

Puna Iccua Bayai. Este canto de los Cuna traduce: "Las mujeres que motilan a las niñas" y es parte del himno *sabdur namaquedi* o canto de la jagua, que se canta en el festejo general de la pubertad. Corresponde a la parte del corte del cabello de la muchacha púber.

Ri-ri-raira. No hay datos sobre este canto de los Emberá.

Sabdur Namaquedi. Corresponde a la parte del baño de la jagua (*sabdur*) a que se someten las muchachas núbiles en el rito de la pubertad entre los Cuna. El comienzo del canto puede traducirse así, según la versión de Narciso Garay:

"Ya se van las señoritas
van por la montaña azulada,
trepan la montaña Noguina,
van llegando a la cima de la montaña Guibili,
ya se van las señoritas.
Las señoritas se van a asustar yendo tan lejos.
¿Por qué han de tener miedo?
Van subiendo cubiertas con las molas y el pañuelo,
van a trepar la montaña Tórgogo.
Las señoritas van a la montaña del Sapo
y los sapos caen a los pantanos.
Los sapos están cayendo a los pantanos
y las señoritas se van porque tienen miedo".

Salu. Este nombre designa a la guacamaya entre los Cuna; su canto es, pues, de cosecha o fertilidad.

Sanjaké. No hay informes sobre este canto de los Tunebo.

Sanusas. Es canto de desentierro o rito de funebria entre los Yuco-motilón, género muy abundante en variedades.

Sapo. No hay datos sobre este canto de los Yuco-motilón.

Sapo. No hay datos sobre este canto de los Catío.

Serkán Igala. Hay un extenso trabajo titulado "Dos cantos shamanísticos de los indios Cuna", por Nils M. Holmer y Henry Wassén, editado por el Museo Etnográfico de Gotemburgo. Se refiere la parte del *serkán igala* o *ikala*, al ritual médico con que el *inatuledi* conjura a los espíritus para que no hagan daño al paciente. Estos espíritus de las enfermedades se llaman *nuchus*. También convoca a los espíritus de los *neles* o sacerdotes más notables de la tribu para que protejan al enfermo. El trabajo viene ilustrado con las planchas jeroglíficas de escritura Cuna y su traducción castellana.

Shatle. Es uno de los muchos nombres que designan al pájaro "tucán" entre los Yuco-motilón.

Sita-ko. Canto y tonada del caracol entre los Páez.

Surba Inna. Se canta con ocasión del primer menstruo entre los Cuna. En él ocurre el primer corte de cabello.

Suwisiwish. Este es el canto del "pájaro verde selvático" entre los Yuco-motilón; en el canto dialogan el pájaro y el hombre.

Tanicane. Es un canto y tonada de rogativa de los Kogi para pedir la venida de las lluvias.

Tatkan Igala. Es el relato de la tradición histórica entre los Cuna.

Tejidos (de los). Canto de consagración de los tejidos entre los Bari-motilón. No hay información adicional.

Tiol Igala. Canto para coger arañas; ensalmo médico de los Cuna.

Tisla Igala. Canto y rito de pubertad entre los Cuna, correspondiente al corte del cabello (secundario) y la simbolización de las tijeras (*tisla*) con implicación de la sexualidad femenina. Se describe ampliamente en el texto de Holmer y Wassén citado antes.

Trancameina. No hay datos sobre este canto de los Kogi y Bíntucua.

Tule mar sikitli. Canto para los fulminados (heridos por rayo) entre los Cuna; equivale a un ensalmo médico.

Tule pune tula. Primer verso de una canción de cuna de los Cuna.

Tunzi kamba kui. Canto para el final del banquete de los novios entre los Páez.

Tuveva. Fonética figurada que designa un canto y danza indeterminados de los Yuco-motilón.

Uiboet Namaque, o Namaket. Canto para las intoxicaciones entre los Cuna.

Úpiate kui. A la mitad del banquete de los novios se realiza este canto y música de los Páez.

Uñucupi. Melodía de los Huitoto. No hay datos fuera de la partitura, obviamente convencional.

Urití. Melodía de los Tucano, sin especificaciones.

Us soedi. Este canto, cuyo nombre traduce "conejo-cacería", es más conocido como *la cazadora* y está descrito por Garay en estos términos: "Este canto tiene una parte recitada y otra parte mimada que reproducen las peripecias de la acción cinegética por ella descrita. La acción musical, literaria y dramática de la cacería se desarrolla durante horas enteras, provocando grandes risotadas las ocurrencias improvisadas de los actores, particularmente las lamentaciones del cazador herido, personaje de comedia del tipo llamado vividor, que se finge herido para suscitar los buenos sentimientos de su compañero, hacerse compadecer por éste y sacar todo el provecho de la cacería sin ninguno de sus peligros e incomodidades".

Vamos a bailar. No hay datos sobre este canto de los Carijona.

Váquiros (de los). Canto de la cacería del cerdo de monte, tatabro, cerrillo o váquiro (*tusina*) entre los Tunebo.

Vaú Bayari. Canto del mico entre los Desana (Tucano). Dice Reichel Dolmatoff que en este baile se imitan los movimientos de un mico. En él también hay elementos eróticos basados en las asociaciones que se establecen con el mico (*uaú*), cuyo nombre es un sinónimo de pene. También se designa como *uaú bayari*.

Viaje (de). Canto de los Cocama, sin nombre indígena distintivo.

Vicha kui. Canto y danza del pajarito entre los Páez. Lo cantan a la alborada en los días de fiesta las muchachas solteras.

Wadana. Corresponde esta grafía a un canto y danza de los Noanama, cuya coreografía es exclusiva para mujeres.

Weki-basá. Se refiere al tapir o danta o "gran bestia" esta danza de los Tucano.

Witataish. Fonética figurada de un canto de viaje de los Yuco-motilón.

Wotchepi. Es canto de libación de chicha para hombres y mujeres (mixto) y corresponde a los Yuco-motilón.

Yagé (del). La melodía recogida como tal por la Comisión Colombo-Británica de 1962, parece dudosa como correspondiente al rito del brujo o *curaca* de los Tatuya (Tucano).

Yayganagadi. Es el rito de la pubertad entre los Cuna del Darién. Su descripción muestra una gran originalidad y variedad de aspectos o partes de la ceremonia nupcial. Narciso Garay nos narra estos detalles en su obra *Tradiciones y cantares de Panamá*: "Varios días antes de la ceremonia los *sabdurguanet*, nombre que se da a los encargados de ir a cortar los bejucos de 'jagua', se reúnen, hacen el viaje en canoa y regresan con la cosecha. Construyen entonces la *surba*, casa especial en que tiene lugar la primera ceremonia. De la jagua (*sabdur*, en lengua cuna) se extrae el tinte negro con que las mujeres encargadas, bañan el cuerpo de la joven púber hasta dejarlo completamente oscuro. La jagua posee, en concepto de los indios, virtudes higiénicas maravillosas, principalmente porque inmuniza a la mujer contra los accidentes que pudieran sobrevenirle por humedecerse o mojarse en ciertos períodos críticos de su vida. Por *surba* se entiende una doble construcción, una casita pequeña y cuadrada apenas capaz para los efectos del baño de jagua, que se levanta dentro de otra casa grande y cuadrada, destinada a servir de teatro a la fiesta. La primera parte de la fiesta se desarrolla así: a la voz del viejo *kantule* (maestro músico) que grita: *di se pate* (arrojémonos al mar), las gentes saltan precipitadamente de la *surba* como si quisieran escapar a la persecución de algún enemigo invisible, se arrojan al mar y permanecen largo rato debajo del agua; luego regresan al bohío. Este baño es indudablemente, comentamos, un rito de purificación. Estas ceremonias se prolongan o se reducen según las posibilidades económicas de los padres de la muchacha: la *inna mutikit* dura una noche, la *inna tun si kalet* dura dos días y la *inna suit*, cuatro días. El festejo general se llama también *inna túmadi*, aunque esta denominación –como vimos antes– traduce 'canto del himeneo' que es sólo una parte de la ceremonia.

Inna significa también chicha de maíz, yuca o plátano, puesto que es la base de la ceremonia. En el canto del *kantule*, la relación de las palabras con la celebración propiamente dicha no aparece en parte alguna, pero la sencillez del sentimiento poético es innegable y no hay quien no sienta el encanto de su dulce ingenuidad. La sílaba 'ye', sola o repetida, actúa allí como una especie de interjección sin sentido gramatical, que los *kantules* emplean con frecuencia, acaso como medio nemotécnico o intensivo para ayudarse a recordar la frase siguiente. Los *kantules* y el padre de la niña llegan a la *surba* con dos cañas que han cortado para que sirvan de flautas en la fiesta. Los invitados se sientan en bancas recostadas a las paredes opuestas del bohío y colocadas unas en frente de otras, dejando libre casi todo el espacio intermedio. En el centro de una de las dos hileras de bancas toman asiento un *kantule* y un *kansueti* (maestro músico y su ayudante), sentándose los demás invitados a derecha e izquierda. En el centro de la hilera opuesta toman asiento los dos *ualseadi*. Estos son personajes cuya función consiste en sacar humo de unos cigarros desmesuradamente largos que llaman *uarsuit* y en sahumar a los invitados. El humo de estos cigarros posee una fuerza purificadora, según ellos. Sahúman en primer término al *kantule* y al *kansueti*; en segundo término a los *tolo tolo ual ibe*, expresión que designa a los dos músicos suplentes que toman lugar cuando los principales se retiran a dormir, a comer o descansar. En tercer lugar a los *ibe kua kuar ual ibe* o avisadores, a quienes incumbe la función de invitar a todos los indios amigos y conocidos. En cuarto lugar sahúman a los *timol ibe* o repartidores de chicha. Finalmente, a todos los presentes; luego, el *kantule* sale a arrojarse al agua y tras él todos los demás. Mientras tanto otros se quedan en la *surba* torciendo las sogas de las cuales se colgarán en los horcones del bohío o *surba* las hamacas de los cantores, porque ningún *kantule* digno de tal nombre desempeña su importante ministerio sino acostado en la hamaca. No hacerlo, sería un atentado contra el decoro de la función sagrada que les está reservada. Al regresar de la playa, *kantule* y *kansueti* proceden a ocupar las hamacas. Cuando todos están reunidos de nuevo en la *surba*, el *kantule* exclama: *tula buqui bogariesi*, que en castellano significa: 'Estoy reunido con gran número de personajes'; aquí se inicia la danza general, pero sin bebida". En la mayor parte de los cantos de género medicinal o ensalmos médicos se encuentra una gran dificultad en traducir el significado. "La literatura médica de los Cuna –dice Garay– ¿es acaso un idioma clásico ya extinguido, distinto del lenguaje de la conversación ordinaria? ¿O bien es un idioma esotérico donde cada palabra tiene un significado convencional reservado a la comprensión de los iniciados? ¿Es una lengua culta? ¿Es una jerigonza? No lo sé. Lo cierto es que no hay dos indios capaces de dar la misma traducción de uno solo de estos versos". Fray Severino de Santa Teresa, en su libro *Los indios Catío, los indios Cuna*, denomina *sumba* al local de las ceremonias que venimos narrando. Garay lo llama *surba*. Esta diferencia se debe muy probablemente a la fonética figurada que se da a la palabra en lengua Cuna al trasladarla a sonidos castellanos, o bien, según la manera como la oyó el compilador de datos. Además, si Garay dice "la surba", Severino dice "el sumba". Esta diferencia de género puede ser de tipo regional, pues Garay estudió los grupos del archipiélago de San Blas y Severino, los de Urabá.

Los extremos de la canoa en que se aplican los baños a la muchacha núbil, salen de las paredes de la casa o *surba* con el fin de que sea fácil cambiarle el agua a cada baño sin necesidad de entrar en su encierro; este encierro comprende doce días de silencio, durante los cuales sólo recibe chicha sin aliños; a los doce días viene el corte del cabello (*puna iccua bayai*) y la postura del velo. Aquí se agrega a la dieta de chicha cangrejos con yuca sin sal y un plátano. No debe gritar, ni cantar, ni reír en este tiempo; luego los dos *chichímake* consiguen la jagua, la reparten de por mitad y preparan el baño especial de tintura negra al son del canto del *kantule* (*sabdur namaquedi*). Luego el *nele* (sacerdote) realiza el *lereo* para convencer a los padres de los novios de las ventajas de esta boda. El *lereo* es un canturreo litúrgico que a veces dura una semana de sesiones diarias, pues los padres son muy cuidadosos de definir muy bien las virtudes y defectos de sus futuros hijos políticos. Al pequeño recinto en que se encierra a la joven sólo tiene acceso la madre de ésta, que le suministra los baños. La muchacha no puede echarse en la hamaca durante el día sino que debe sentarse en un banquito especial de balso que se le fabrica para este uso y que terminado el retiro se rompe y echa al río. A las 8 de la noche ya puede descansar en la hamaca, pero al canto del gallo, a las dos de la mañana, debe levantarse y sentarse en la banquita. En el tiempo libre debe desmotar algodón. Los hábitos del encierro se sintetizan en: silencio, paciencia, desvelo y aseo. Después viene el baño de la jagua del que ya se habló y se procede a la fiesta de libaciones o *inna túmadi*; en ellos los anfitriones o dueños de la fiesta son los únicos que no beben para poder atender bien a los invitados. A estos festejos acuden todos los indios de la tribu, dejando sus casas abandonadas y apenas ajustadas las puertas con algún bejuco; si en las cercanías viven algunos libres o "guacas", es la oportunidad para la rapiña, como más de una vez ocurre. Los indios, al notar la falta de algún objeto en su casa, saben que el ladrón ha sido un "guaca" o blanco y nunca un *tule* (indio).

Yekokut. Es un canto de cosecha y libación, al parecer mixto, es decir, en el que pueden participar hombres y mujeres, lo que sólo ocurre en algunos festejos de libación de los Yuco-motilón.

Yenakokiko. Es otro de los muchos cantos de funebria de los Yuco-motilón.

Yode-yoda. No hay datos sobre este canto indeterminado de los Cuna.

Yogina. Parece ser el mismo canto del sapo entre los Tinigua (Sáliba). Sería del género de fertilidad o cosecha, aunque lo hemos consignado como indeterminado mientras se investiga mejor.

Yomaikut. Canto y tonada general de la celebración fúnebre entre los Yuco-motilón; comprende a otros cantos de desentierro, como es el *sanusas* ya citado.

Yuag o Yuacke. Festividad de las frutas. Este canto y rito coreográfico de los Huitoto (sección Muru) tiene un carácter de advocación telúrica propiciatoria de las cosechas, semejante a los rituales clásicos en honor de Pomona y de Flora. La versión que se transcribe fue recogida por los padres de la Procura del Amazonas, de boca de Alejandro Navi Pérez, huitoto de El Encanto. El proceso de los cantos y la danza se desarrolla así: los invitados (la tribu) van a casa del *curaca* o jefe religioso, cargados con frutas de diversas clases. En el patio que hay frente a la maloca se detienen, y mientras el *curaca* va recogiendo las frutas que ellos llevaron, entonan el canto primero. Recogidas las frutas por el *curaca* entran todos en la maloca y danzan el primer canto. Estos cantos son antiguos y contienen palabras cuyo significado apenas conocen algunos huitotos, pues son expresiones arcaicas. El texto del canto primero es de una lírica elemental muy sugestiva y las repeticiones le prestan un misterioso sentido: "Por abajo, abajo, grande, grande, río, río, árbol, árbol, ramas, ramas, mueve, mueve, viento; irujú, nujú nú ¿a dónde?, por acá, irujú, nujú, nú". El segundo canto se refiere al baile como una invitación a la danza y tiene como tema único, de delicado lirismo, los juegos de los cínifes en el agua. La letra repite: "La libélula se baña en el agua, la libélula se baña en el agua", luego una frase intraducible que termina con el llamado a bailar.

El doctor Calle amplía esta información en los siguientes términos: "Este es un baile de fruta. Buinaima se lo dio a su cuarto hijo Yue Buinaima. La comida principal de este baile es casabe con pescado. En los bailes de Yuag no se tocan instrumentos ni se lleva bastón de baile, con excepción del *firisai* (cascabel vegetal) que se ata a los pies. Este baile presenta cuatro variables, las cuales se explican luego; en dos de ellas se cantan canciones en forma de adivinanzas, en las cuales el cantor pregunta al dueño del baile por el origen mítico de las distintas frutas (chontaduro, cananguche, umarí, caimo, etc.), el cómo llegaron a ser conocidas, o por los animales que también se alimentan de ellas (micos, loros, picones, hormigas, etc.). Existen cuatro clases de bailes de fruta, a saber: *murui, jaiyue, muina* y *jukofo"*.

Yuncheche. Nombre de una coreografía o ronda de niños entre los Carijona (Caribe) del río Uarí y alto Vaupés, y de su canto.

Zuke. Es un baile de carne. La descripción del doctor Calle dice: "Su dueño Zuke Buinaima fue el segundo hijo de Buinaima. Se tocan los mismos instrumentos del yadico (*jatdiko*) y del *menisai,* esto es, *reríbacue* o capador, *gagujai* y *judue* (flautas), *sikano* (pito de cráneo de sapo) y *firisai* (sonajas vegetales). El bastón (*tukuguna*) está sin pintar y sólo se le adorna con un ramillete de *jocome* (helecho). Los hombres se colocan en fila, hombro con hombro, y cantan llevando el ritmo con sus bastones mientras se mueven de lado con pasos cortos, dándoles la espalda a las paredes de la maloca y girando lentamente alrededor del centro de ésta.

"Frente a los hombres se colocan las mujeres, quienes acompañan la canción de los hombres repitiendo la última palabra o la última sílaba de cada verso, pero sus bastones de baile (*tukudoti*) no golpean rítmicamente el suelo sino que descansan oblicuamente sobre éste, sirviéndoles de eje mientras ellas bailan con dos pasos cortos hacia adelante y dos hacia atrás y trasladándose lateralmente en conjunto con el grupo de los hombres. Cada canción puede durar una media hora y el baile en sí dura toda la noche. Dentro del grupo de los hombres hay uno llamado 'roduma', o sea, el capitán de la canción, el que inicia el canto y baile de una canción determinada. Al cantar, él pide al dueño del baile que le pague con casabe y maní, o coca, o miel de tabaco, o cauana (*kawana*).

Cuando lo que se pide son elementos masculinos (coca, miel de tabaco) es el dueño del baile quien lo trae a ofrecer y el cantante lo acepta sin dejar de bailar. Pero si se trata de elementos femeninos (casabe o maní), entonces es la esposa del dueño del baile quien se acerca bailando y portando en sus manos el pago pedido, y entonces la esposa del capitán de la canción sale del grupo de mujeres y acepta el pago".

Zuyuco. Dice el doctor Calle: "Este es el baile que se efectúa con ocasión de la fabricación de un nuevo *juag* (maguaré)". El juag es un juego de dos troncos de árbol de unos dos metros de largo por 0,50 m de diámetro, los cuales han sido ahuecados laboriosamente por medio del fuego a través de una hendidura longitudinal, formando así dos cajas de resonancia que son golpeadas con mazos de caucho. El juag está adornado en su exterior con diseños que representan motivos míticos tales como el Sol y el boa. El sonido que produce al ser golpeado es bajo y profundo y puede ser escuchado aun

a 25 kilómetros de distancia. Los toques del *juag* son codificados y conven-
cionales y se les utiliza para transmitir, a modo de telégrafo, mensajes de
maloca en maloca. Estos mensajes generalmente hacen referencia a los
preparativos para los bailes e indican la actividad en que se ocupan los
preparadores del baile: si están cogiendo coca, si ya han hecho cacería, si ya
tienen el casabe listo y, finalmente, para avisar cuando ya todo esté preparado e invitar a los vecinos a venir al baile. Cuando se va a construir un
nuevo *juag*, las mujeres se quedan en la maloca cantando bajo la dirección
de una capitana, la cual lleva un hacha ceremonial. Los hombres salen
cantando de la maloca y se internan en el monte en busca del árbol especial
para el *juag*. Al regresar descargan el tronco dentro de la maloca y la mujer
capitana procede a darle un primer hachazo ceremonial. Se efectúa un baile
y luego un hombre adulto y de buena reputación es elegido para confeccio-
nar el *juag*. La tarea consiste en ahuecar los troncos por medio del fuego, lo
cual toma aproximadamente un mes. Durante este período nadie debe mirar
el *juag*, con excepción del artesano, quien debe permanecer sin bañarse
durante todo el tiempo que tome su labor. Al terminar la fabricación del *juag*
se hace otro baile. Estos son bailes de carne y se bailan en parejas o grupos
de tres o cuatro cogidos de las manos. No se utilizan bastones de baile. Parece
que este baile es típico de los Huitoto solamente, y que otras culturas vecinas,
tales como los Muinane, aunque utilizan el *juag*, no festejan su fabricación
con bailes de ninguna clase. En todos los bailes hay canciones antiquísimas
que son características de cada baile. En el *zuyuko* hay canciones típicas de
las mujeres y otras que lo son de los hombres. A continuación transcribimos
una canción que se canta al entrar en los bailes de carne y en la cual se pide
más "kauana". (Anotamos que el doctor Calle escribe *cauana* como jugo de
frutas, no embriagante; nosotros conocíamos por *kauana* la chicha de yuca
brava, bebida fermentada y de alto contenido alcohólico.) La canción trans-
crita por el doctor Calle en su trabajo sobre las danzas de los Huitoto,
denominadas por él "bailes" tal vez en razón de ser reuniones festivas, antes
que coreografías concretas, dice:

> Jebuire eraufe yemo naidaide
> Itokua kunena jagabe
> aduka jiroye
> comuya jirua, aduka jiroye.
> Jebuire eraufe yemo naidaide.
> Efanuag kunena jagabe.
> Aduka jiroye, comuya jirua.
> Fuigokaug comuire, fuigokaug jebuire.
> Fuigokaug comuye.

La traducción dice:

> Nos multiplicamos con la cauana del color del cananguche
> cuyas palmas se yerguen en las bocas del río.
> La traemos para beber, la bebemos para crecer.
> Nos multiplicamos con la cauana que la guacamaya nos trae
> de los cananguchales que se yerguen en las bocas del río.
> La traemos para beber, la bebemos para multiplicarnos.
> Así es como bebemos, así es como crecemos.

Según Horacio Calle R. "todas estas canciones son altamente tradicionales y hacen referencia a un tiempo antiquísimo, el llamado tiempo originario, cuando el héroe cultural Buinaima instruía a su gente en la obtención y uso de los elementos básicos de su cultura: el fuego, el hacha, la coca, la miel de tabaco, las frutas, la yuca, etc., y cuando los animales eran gente. Entre los Huitoto fue *fisido* (el picaflor) quien se robó el fuego para traérselo a ellos y por eso tiene el cuello y el cuerpo todo iridiscente; *bakuta* (el tente) les ayudó a robarse la semilla del chontaduro; *nmaido* (el cuzumbo o coatí) fue expulsado de un baile de *menisai* por pendenciero y por eso tiene la cola como bastón de baile de *menisai; yaño,* el perezoso, es la abuelita del sol (*jitoma*) y de su hermano *fisido,* y por engañarlos con una comida es aporreado por ellos y por eso anda así todo flaco y lento".

Escena en el interior de una choza. San Pablo. Dibujo de Riou.

Clasificación de cantos y tonadas indígenas colombianos

Región andina

Nombre	Género	Tribu
Acaidaná	Cosecha	Catío
Bakuna	Iniciación (bautizo)	Tunebo
Cócora	Pubertad	Tunebo
Coñore	Indeterminado	Tunebo
Cosecha	Cosecha	Páez
Cuna (de)	Cuna o arrullo	Catío
Chichi pékue kui	Cosecha	Páez
Golondrinas	Cosecha	Tunebo
Guarkuna	Ensalmo médico	Tunebo
Guaya	Cosecha	Catío
Jai-jari	Ensalmo médico	Catío
Kulá ik kui	Cosecha	Páez
Matrimonio	Pubertad	Guambiano
Mesada (la)	Pubertad	Páez
Micos (de los)	Cosecha	Tunebo
Misa kase kui	Pubertad	Páez
Novio mesa kui	Pubertad	Páez
Novios (de los)	Pubertad	Guambiano
Ofrenda (la)	Cosecha	Páez
Pavas (de las)	Cosecha	Tunebo

Región andina

Nombre	Género	Tribu
Plaza pa kui	Pubertad	Páez
Sanjaké	Indeterminado	Tunebo
Sapo	Cosecha	Catío
Sita-ko	Cosecha	Páez
Tejidos (de los)	Consagración	Bari-motilón
Tunzi kamba kui	Iniciación	Páez
Upiate kui	Pubertad	Páez
Váquiros (de los)	Cosecha	Tunebo
Vicha kui	Indeterminado	Páez

Región caribe

Nombre	Género	Tribu
Alápacajai	Funebria	Wayúu
Amáchoncai	Indeterminado	Wayúu
Ataupo	Funebria	Yuco-motilón
Atuunsa (toque)	Indeterminado	Yuco-motilón
Cabrita	Iniciación	Wayúu
Cacería del mico	Cosecha	Yuco-motilón
Cacería del tatabro	Cosecha	Yuco-motilón
Campanucana	Indeterminado	Kogi
Canto de guerra	Guerra	Yuco-motilón
Cuna (de)	Cuna o arrullo	Yuco-motilón
Cheisa o cheika	Cosecha	Kogi
Chicote	Indeterminado	Kogi
Chicha (de la)	Libación	Kogi
Chichamaya (yonna)	Iniciación	Wayúu
Chiro bakinkaba	Indeterminado	Kogi
Gwishnesh	Libación	Yuco-motilón
Karakeney	Viaje	Yuco-motilón
Kertakraish	Cosecha	Yuco-motilón
Meyeremit	Libación (masc.)	Yuco-motilón
Moscos (de los)	Indeterminado	Wayúu
Nanimyket	Libación (masc.)	Yuco-motilón
Naniwatro	Funebria	Yuco-motilón

Región caribe

Nombre	Género	Tribu
Nangkokut	Cosecha	Yuco-motilón
Nubá o nubaco	Cosecha	Kogi
Nunotana	Funebria	Yuco-motilón
Palomita	Indeterminado	Kogi
Sanusas	Funebria	Yuco-motilón
Sapo	Cosecha	Yuco-motilón
Shatle	Cosecha	Yuco-motilón
Suwisiwish	Cosecha	Yuco-motilón
Tanicane	Cosecha	Kogi
Tramcameina	Indeterminado	Ijka
Tuveva	Funebria	Yuco-motilón
Witataish	Viaje	Yuco-motilón
Wotchepi	Libación mixta	Yuco-motilón
Yekokut	Libación	Yuco-motilón
Yenakokiko	Funebria	Yuco-motilón
Yomaikut	Funebria	Yuco-motilón

Región pacífica

Nombre	Género	Tribu
Aconijari (Akone-kare)	Cosecha	Emberá
Akuanasa-igala	Ensalmo médico	Cuna
Amma Tólol-losop	Fertilidad	Cuna
Asu-Maket-Inna	Pubertad	Cuna
Bienvenida	Bienvenida	Cuna
Cahubi huedi	Ensalmo médico	Cuna
Kanta-jai	Ensalmo médico	Noanama
Carichipari	Pubertad	Emberá
Carichipari (informal)	Pubertad	Noanama
Chicha (de la)	Libación	Noanama
Dada kurgin huedi	Ensalmo médico	Cuna
Ee-de-dei	Indeterminado	Noanama
Huabú daité	Cosecha	Emberá
Hued ina húnaedi	Ensalmo médico	Cuna
Inna ipet	Anfitriones	Cuna
Inna mutikit	Libación	Cuna

Región pacífica

Nombre	Género	Tribu
Inna nuga	Iniciación bautizo	Cuna
Inna suit o kopet	Iniciación	Cuna
Inna túmadi	Pubertad	Cuna
Kalis igala	Cosecha	Cuna
Kanil namaquedi	Cosecha	Cuna
Kurgin igala	Ensalmo médico	Cuna
Machi tola kanarkii	Cuna o arrullo	Cuna
Machinkoina	Ensalmo médico	Noanama
Magina	Ensalmo médico	Emberá
Maket kurgin huedí	Ensalmo médico	Cuna
Mariposa	Cosecha	Noanama
Masartule	Funebria	Cuna
Mu igala	Ensalmo médico	Cuna
Naboed inna	Pubertad	Cuna
Naibe namaquedi	Cosecha	Cuna
Nalup nacruz igala	Funebria	Cuna
Nana pe mesoke	Cuna o arrullo	Cuna
Nelgan igala	Ensalmo médico	Cuna
Netuara joré daité	Ensalmo médico	Emberá
Nia igala	Ensalmo médico	Cuna
Niga sappin	Indeterminado	Cuna
Niño enfermo (del)	Ensalmo médico	Cuna
Nogaswerke	Pubertad	Cuna
Nokop o noga kope	Libación	Cuna
Nusa igala	Ensalmo médico	Cuna
Omé-omé	Indeterminado	Emberá
On-maket inna	Indeterminado	Cuna
Pájaro wala	Cosecha	Cuna
Pap igala	Indeterminado	Cuna
Parko igala	Cosecha	Cuna
Puna iccua bayai	Pubertad	Cuna
Ri-ri-raira	Indeterminado	Emberá
Sabdur numaquedi	Pubertad	Cuna
Salu	Cosecha	Cuna
Serkán igala	Ensalmo médico	Cuna
Surba-inna	Pubertad	Cuna

Región pacífica

Nombre	Género	Tribu
Tatkán igala	Indeterminado	Cuna
Tiol igala	Ensalmo médico	Cuna
Tisla igala	Pubertad	Cuna
Tule mar sikitli	Ensalmo médico	Cuna
Tule pune tula	Cuna o arrullo	Cuna
Uiboet namaket	Ensalmo médico	Cuna
Us soedi	Cosecha	Cuna
Wadana	Indeterminado	Noanama
Yayganagadi	Pubertad	Cuna
Yode-yoda	Indeterminado	Cuna

Región llanera y Amazonia

Nombre	Género	Tribu
Bagguima	Indeterminado	Huitoto
Baije o ufánoco	Funebria	Huitoto (Mururui)
Balseos	Indeterminado	Ingano
Banacué	(Variable)	Puiñave
Bayí-waipéori	Inic. (2o. bautizo)	Desana
Bico-anamú	Indeterminado	Huitoto
Biribiche	Indeterminado	Huitoto
Boréka piru bayári	Cosecha	Desana
Boxsó bayári	Cosecha	Desana
Cachirí	Libación	Makuna
Cachirí	Libación	Piratapuyo
Canto del tambor	Indeterminado	Cocama
Carnavalito (informal)	Indeterminado	Camsá
Carnavalito	Indeterminado	Ingano
Cativia	Indeterminado	Piapoco y Sáliba
Chiruru	Indeterminado	Makuna
Chontaduro	Cosecha y libación	Huitoto (Bora)
Chontaduro	Libación	Huitoto (Muinane)
Chontaduro	Cosecha	Andoque
Chuvay	Indeterminado	Achagua
Danza festiva	Indeterminado	Cocama
Eiki-butaiti	Indeterminado	Huitoto

Región llanera y Amazonia

Nombre	Género	Tribu
Ei-ya-a	Indeterminado	Huitoto
Erag	Estreno vivienda	Huitoto
Festejo	Indeterminado	Cocama
Fijgo	Guerra	Huitoto
Fikkaba	Cosecha	Huitoto (Muinane)
Gawetá-basá	Cosecha	Tucano
Guerra (de)	Guerra	Tucano
Humarí	Cosecha	Huitoto (Bora)
Iddíre	Libación	Barasana
Inabe-nabe	Funebria	Huitoto (Jidua)
Ine machuki	Indeterminado	Huitoto (Bora)
Jaiyue	Cosecha	Huitoto
Jambe-jambe	Indeterminado	Yurutí
Jatdiko	Cosecha	Huitoto
Jiameka	Libación	Huitoto
Jombaime	Guerra (?)	Huitoto
Juckui	Indeterminado	Huitoto
Jukofo	Cosecha	Huitoto
Jussie	Libación	Huitoto
Kaja-keño	Cosecha	Huitoto
Korerije ragoda	Anfitriones	Huitoto
Karerije kaburaji	Anfitriones	Huitoto
Kuperibajche	Indeterminado	Bora-Miraña
Lasika-basá	Cosecha	Tucano
Maguaré (del)	Indeterminado	Huitoto (Murui)
Marai	Iniciación (bautizo)	Huitoto
Marie-marie	Indeterminado	Miraña
Maxá bayári	Cosecha	Desana
Maxká Piru Bayári	Cosecha	Desana
Menelito (?)	Indeterminado	Makú
Menisai	Cosecha	Huitoto
Muina	Indeterminado	Huitoto
Murui	Indeterminado	Huitoto
Muzusiru tari	Iniciación	Desana
Nahú-basá	Cosecha	Tucano

Región llanera y Amazonia

Nombre	Género	Tribu
Nasá-basá	Ensalmo médico	Tucano
Niko taí	Indeterminado	Makú
Nya	Indeterminado	Yagua
Nyama rihoa-basá	Cosecha	Desana
Okima	Indeterminado	Huitoto
Oré baydú	Funebria	Desana
Pachicú Mena	Indeterminado	Tucano
Palma (de la)	Cosecha	Piapoco, Sáliba
Pelazón	Pubertad	Ticuna
Pesca (de la)	Cosecha	Tucano
Pikkígui	Cosecha	Rossígaro
Pono (del)	Cosecha	Pamigua, Ocaina (?)
Uñucupi	Indeterminado	Huitoto
Uriti	Cosecha	Tucano
Vamos a bailar	Indeterminado	Carijona
Vaú bayari	Cosecha	Desana
Viaje (de)	Viaje	Cocama
Weki-basá	Cosecha	Tucano
Yagé (del)	Ensalmo médico	Tucano
Yogina	Indeterminado	Tinigua
Yuag o yuacke	Cosecha	Huitoto
Yuncheche	Indeterminado	Carijona
Zuque	Cosecha	Huitoto
Zuyuco	Indeterminado	Huitoto

Cuadro de las tribus indígenas colombianas actuales

1. FAMILIA LINGÜÍSTICA ARAWAK			
Símbolo	Número ordinal	Tribu	Localización general
A	1	Achagua	Ríos: alto Meta, alto Vichada, Muco.
A	2	Baniba	Ríos: Guainía y Atabapo.
A	3	Carro	Ríos: alto Guainía y afluente Puitana.
A	4	Cocama	Río Amazonas (isla de Ronda).
A	5	Curipaco o Curripaco	Ríos: alto Guainía, Isana y Vaupés. Raudal del Guainía, Catanacunama, Santa Helena, Tomo, Toninas, Venado, Manacoa, El Mango, San Miguel, San José, Sejal, Malecu, San Pedro, Laja, Pabón, Barranquilla, Caramanacoa, Guaninoma.
A	6	Garú (?)	Ríos: Mirití-paraná y Apaporis.
A	7	Guajiro (Wayúu)	Península de La Guajira.
A	8	Ipeca, o Cumada-Minanei, o Cumata y Minaní	Ríos: Isana y Guainía.
A	9	Matapí-Tapuyo	Río Mirití-paraná, Apaporis, límite Brasil.
A	10	Mitúa	Río Guaviare y confluencia del Ariari.

1. FAMILIA LINGÜÍSTICA ARAWAK			
Símbolo	Número ordinal	Tribu	Localización general
A	11	Piapoco	Ríos: bajo Guaviare y sur Vichada. Puerto López, Inspección de Policía Chaviva, Guayuriba, cerca Umapo, Cabuyaro (Restrepo).
A	12	Rossígaro (?)	Ríos: Putumayo medio, cabeceras del Pamá y orillas derecha del Caquetá, y entre éste y el alto Cahuinarí. También Ressígaro.
A	13	Tariana	Río Vaupés.
A	14	Ticuna	Río Amazonas: Arara, Nazaret, Leticia-Ticuna-Quicama.
A	15	Yacúa o Yacuna	Ríos: Mirití-paraná y Apaporis. También Yucuna, Yokuna o Chucuna.

Nota: en alguna clasificación, los Rossígaro figuran como sección de Huitoto.

2. FAMILIA LINGÜÍSTICA CARIBE			
Símbolo	Número ordinal	Tribu	Localización general
C	1	Andágueda	Ríos: alto Andágueda y alto San Juan.
C	2	Baudó	Río y serranía de Baudó.
C	3	Carijona	Ríos: Uari y alto Vaupés.
C	4	Catío	Ríos: San Jorge, Cauca y Tarazá, Valdivia, Cáceres (Ant.), Pueblo Rico y Santa Cecilia (Risaralda).
C	5	Citará	Farallones de Citará al oriente de Quibdó, límite con Antioquia.
C	6	Chamí	Cerro de Caramanta (Ant.), afluentes del San Juan (Risaralda). San Antonio del Chamí.
C	7	Emberá o Cholo	Ríos: Atrato y Baudó, Siguirigua, afluente del Docampadó, ríos Pepé y Sandó, Torraidó, Chontaduro, Dubasá, Catrú y Nanca, Capá, Purridó, Catripe, Pavasa y Pavasito, Evarí, Arusí, Jobí y Nuquí. También Emperá.

2. FAMILIA LINGÜÍSTICA CARIBE			
Símbolo	Número ordinal	Tribu	Localización general
C	8	Hianácoto-Umáuna	Río Yarí (Caquetá).
C	9	Noanama	Río San Juan (Chocó), caño Noa-namito (Cauca).
C	10	Quimbaya	Río Roble (?) (Quindio), Quimba-ya, caserío municipio de Restrepo (Valle).
C	11	Yuco-motilón o Chaké	Serranía de Perijá, de Manaure al río Maracá y del Macoa al Aguas-blancas, loc. Casacará (Cesar). También Yucamara (?).

3. FAMILIA LINGÜÍSTICA CHIBCHA			
Símbolo	Número ordinal	Tribu	Localización general
CH	1	Bari-motilón	Hoya del río Catatumbo, río Tibú y Río de Oro (Norte de Santander)
CH	2	Betoye, Jirara o Atabaká	Altos Casanare, Cravo, Ele, Arau-ca y al este de los Tunebo.
CH	3	Cuna o Tule (ant. Cueva)	Darién, norte Chocó (Arquía), Caimán Nuevo y Chigorodó (Antioquia).
CH	4	Cunaguasaya o Dobokí (ant. Mape)	Valles del Catatumbo, río de Oro y río Tarrá (N. de Santander).
CH	5	Guasico o Chita, Morcote o Sinsiga	Río Sinsiga, Sierra Nevada del Cocuy, altos del Cuilotico. Cordi-llera Cubugón.
CH	6	Ijka o Bintukua	Sierra Nevada de Santa Marta, lo-calidades de Donachuí, San Mi-guel, San Francisco, San Sebastián de Rábago, Mamarongo.
CH	7	Kogi o Kogui o Kogaba o Kággaba	*Id*. anterior. Faldas norte Sierra Nevada, valles Palomino y Archo. El grupo Kankuama, en Atánquez y Puebloviejo. Los Malayo, en Malocaso y Rosario.

3. FAMILIA LINGÜÍSTICA CHIBCHA

Símbolo	Número ordinal	Tribu	Localización general
CH	8	Páez o Paeces	Valle del río Páez (Cauca, localidades de Avirama, Calderas, Belalcázar, Cohetando, Inzá, Aguanegra, Alto del Rey (Tambo), Aranjo, Cabuyo, Caldono, Cerro Alto, Chinas, Huila, Inguito, Jambaló, La Aguada, Lame, Mosocú, Paniquitá, Pioyá, Poblazón, Polindara, Pueblo Nuevo, Quinchaya, Quisgó, Ricaurte, San Andrés, San José, Santa Rosa, Pitayó, Suin, Tacueyó, Tálaga, Tóez, Togoima, Toribío, Totoró, Traja, Turminá, Vitancó, Yaquivá.
CH	9	Sanká o Sahá	Sierra Nevada de Santa Marta, *id*. Kogi.
CH	10	Tunebo o Tanue y Pedraza	Arauca, laderas cordillera Oriental y vertiente Oriental, Sierra del Cocuy, Covaría (Sarare), Calafita (Arauca). Güicán (Boyacá). Bócota, etc.; Toledo (serranía), Uncasía. Concepción, río CabuJón, Solón Wilches. Támara. Municipio Cubará, ríos Cobugón (?) y Margua, Orozco, Royota y Oro, inspecciones El Chuscal, Gibraltar y Mojicones. Samoré.

4. FAMILIA LINGÜÍSTICA GUAHÍBO

Símbolo	Número ordinal	Tribu	Localización general
G	1	Cataro	Río Yucabo, afluente Meta.
G	2	Cuiloto	Río Cravo Norte y su afluente Cuiloto.
G	3	Chiricoa y Amorúa	Ríos: Ele, Lipa y Bita; parroquia Arauquita.
G	4	Churoya o Bisanigua	Ríos: Ariari, Güejar y Guayabero. También Choroye: Piñal, sur Arama, río Güejar.

4. FAMILIA LINGÜÍSTICA GUAHÍBO

Símbolo	Número ordinal	Tribu	Localización general
G	5	Guahíbo	Ríos: Guarrojo, Planas, Muco, Meta, Vichada.
G	6	Guayabero o Cunimía o Papamene	Ríos: alto Guaviare, Güejar y Ariari, Caño Cunimía y río Papamene.
G	7	Pamigua o Bamigua	Concepción de Arama, llanos del Yaría en Tzachena Yona, río Herorú, afluente Yarí; cuenca del Guayabero, San Francisco de Manacacías o Yopo, ríos Güejar, Barrancón y la Sal (Guaviare).
G	8	Sicuani y Cuiba, Cuibá, Mella o Ptamo	Ríos: Tomo y Tuparro y bajo Meta.
G	9	Yamu	Ribera izquierda del río Ariari.

5. FAMILIA LINGÜÍSTICA HUITOTO

Símbolo	Número ordinal	Tribu	Localización general
H	1	Andoque	Bajo Araracuara y La Pedrera, dispersos quebrada Aduche (Amazonas).
H	2	Bora	Ríos: Cara-paraná e Igara-paraná.
H	3	Bora-Miraña	Ríos: Caquetá, Putumayo, Apaporis y Yarí.
H	4	Camsá o Coche	Valle de Sibundoy.
H	5	Cofán	Puerto Asís, río Guamués.
H	6	Imihita	Sierra Futahi (Amazonas).
H	7	Muru o Murui	Ríos: Cara-paraná e Igara-paraná.
H	8	Muinane	Ríos: Cara-paraná e Igara-paraná. Río Cahuinarí.
H	9	Nonuya	Ríos: Caquetá, Putumayo, Apaporis.
H	10	Ocaina	Ríos: Caquetá, Putumayo, Apaporis y Yarí.

5. FAMILIA LINGÜÍSTICA HUITOTO

Símbolo	Número ordinal	Tribu	Localización general
H	11	Rossígaro o Ressígaro	Ríos: Cara-paraná e Igara-paraná, río Cahuinarí.
H	12	Letuama y Tanimuca (?)	Río Igara-paraná. Los Tanimuca, también Opaima.

Nota: hay ubicación general de Huitoto así: afluentes Caquetá, río Necaya, límite Putumayo, Puerto Solano, Concepción, Nueva Granada, nacimiento Igara-paraná, Puerto Asís, La Chorrera, Último Retiro. Los Camsá pueden tener componentes Chibcha y Arawak (?). Los Cofán pueden tener compoenentes Chibcha y Guahíbo (?). Los Rossígaro figuran también en el grupo Arawak, pero es más probable en Huitoto.

6. FAMILIA LINGÜÍSTICA QUECHUA

Símbolo	Número ordinal	Tribu	Localización general
Q	1	Coconuco	Zona de resguardos del Cauca (Ver CH8).
Q	2	Cuaiquer	Altaquer y Barbacoas (Nariño).
Q	3	Guambiano	Guambía, Silvia, Pitayó, Quinchaya y Quisgó.
Q	4	Guanaca	Zona resguardos del Cauca.
Q	5	Ingano	Cabeceras del Caquetá y Putumayo, localidades de Puerto Limón, Yunguillo y Santiago.
Q	6	Paniquitá	Zona resguardos del Cauca.
Q	7	Polindara	Zona resguardos del Cauca.
Q	8	Puracé	Zona resguardos del Cauca.

7. FAMILIA LINGÜÍSTICA SÁLIBA

Símbolo	Número ordinal	Tribu	Localización general
S	1	Piaroa	Ríos: bajos Vichada y Meta, Guaviare y Orinoco (Atures y Maipures).
S	2	Puiñave o Puninave	Río Guaviare medio y bajo e Inírida. También Guaipunabi.

7. FAMILIA LINGÜÍSTICA SÁLIBA

Símbolo	Número ordinal	Tribu	Localización general
S	3	Sáliba	Frente a Orocué, orilla derecha del Meta, cabecera del Inírida. San José de Cabiuna.
S	4	Tinigua	Cabeceras del Inírida.
S	5	Yaruro	Ríos: Capanaparo y Cinaruco.

8. FAMILIA LINGÜÍSTICA TUCANO

Símbolo	Número ordinal	Tribu	Localización general
T	1	Arapaso	Río Vaupés bajo y río Papurí. También Korea (?)
T	2	Barasana o Barazana	Río Pira-paraná.
T	3	Carapauna o Carapana	Ríos Yuruparí y Paca y afluente río Ti (mixto de Huitoto?).
T	4	Coreguaje o Koereguaje	Ríos: Orteguaza y Caquetá; Jetuchá, Talanquera (entre ríos Guayabero y Caquetá).
T	5	Cubeo	Ribera izquierda del río Vaupés oriental y Querari, Papunaua, afluente del Inírida y Ayarí. Son dos fratrías: Hahanna y Hehenaba o Corócoro (26 sibs).
T	6	Desana o Winá	Ríos: Vaupés, ribera derecha, raudal Yuruparí, caños Cucura, Abiyú, Timbó y Murutinga: hoya río Paurí y su afluente izquierdo, Macú-paraná y ríos Virarí, Cuyucú y caserío de La Estrella, en Teresita y Uainambi.
T	7	Eno	Ríos: Caquetá y alto Putumayo.
T	8	Guanano o Wanana	Ríos: Vaupés oriental, del raudal de Uacapurí hasta Yavaraté, centro misional Brasil.

8. FAMILIA LINGÜÍSTICA TUCANO

Símbolo	Número ordinal	Tribu	Localización general
T	9	Macaguaje	Ríos: Caquetá y alto Putumayo. Tres Esquinas, río Orteguaza y afluente Jetuchá o Jotuchá, Ponella, Consaya, Aguablanca, Curiplaya, El Mirador, Santa María, Guacachará y Petacasaragua.
T	10	Macuna	Ríos: Pira-paraná y Vaupés.
T	11	Mirití-tapuya	Río Mirití-paraná.
T	12	Piratapuyo o Iratapuya	Ríos: Vaupés medio y cuenca del Isana, bajo Papurí, Teresita, África y Piramirí (caseríos). También Mapanai.
T	13	Siona o Ceona o Kokakañú	Alto Putumayo.
T	14	Tama	Ríos: Caquetá y alto Putumayo.
T	15	Tatuya o Pámoa o Tatútapuyo	Ríos Pira-paraná, caño Yapú.
T	16	Tucano (micro) o Daxsea o Dajseje o Dajsea	Río Paca, cabeceras del Papurí, región acaricuara. Piramara, Monfort, río Tiquié (Pari Cachoeira).
T	17	Tuyuca u Odojkapura	Río Inambú, afluente Querarí, ríos Abiyú y Uacaricuara.
T	18	Uanamá o Uainumá o Baré o Uainambi-tapuyo	Ríos: Querarí, Carurú y Cananari. Río Caquetá, selvas ríos Upi y Cahuinarí.
T	19	Yavaraté-tapuya o Carutana. Yaguaraté-tapuyo	Cuenca del río Isana.
T	20	Yurut-tapuya o Waiana	Ribera izquierda del río Papurí, Uacaricuara, caños Pacu, Mirití, Pindahíbo, Yi y boca río Ti.
T	21	Siriano o Siriana (?) o Baré	Río Papurí, desagüe al Vaupés (son del Tucano oriental, según padre Fco. Arango M.).

8. FAMILIA LINGÜÍSTICA TUCANO			
Símbolo	Número ordinal	Tribu	Localización general
T	22	Uaicama-tariano (?)	Río Papurí, desagüe al Vaupés. Río Paca y parte de Uacaricuara.

Nota: en el número 22 se observa que los Tariano son Arawak: tal vez el componente con Uaicama, los ubicó en Tucano.

9. FAMILIA LINGÜÍSTICA INDETERMINADA			
Símbolo	Número ordinal	Tribu	Localización general
I	1	Avano	Río Guainía.
I	2	Cauyari (?)	Río alto Apaporis, río Pira-paraná y Pedrera. Según Arango, son Arawak.
I	3	Cavisana (¿Cawisiana?)	Río bajo Caquetá y Guainía. Según Arango, son Baré o Siriano (Tucano).
I	4	Cucuna	Ríos: Manacacías y Vichada.
I	5	Chimila	El Difícil y Monterrubio (Magdalena). Según Arango, son Arawak.
I	6	Garú	Río Mirití-paraná.
I	7	Guarú	Fuentes del río Meta.
I	8	Guayupe	Ríos: Ariari y bajo Güejar.
I	9	Jebero	Río Amazonas (isla de Ronda).
I	10	Macú, Ubdé o Cacoa	Ríos: Negro y Caquetá bajo, Macú-paraná y cerca de los Desana.
I	11	Mariaté	Río Cure (Amazonas).
I	12	Passé o Pasese	Curso inferior Putumayo.
I	13	Yagua	Bajo Putumayo, límites Perú.
I	14	Yamana	Entre Caquetá y Putumayo, curso río Joamí y Puré.

Lista de instrumentos musicales del folklore colombiano

Región andina

Bandola andina de 12 cuerdas
Bandola andina de 14 cuerdas
Bandola andina de 15 cuerdas
Bandola andina de 16 cuerdas
Bombo o tambora
Cacho de toro
Capador; Cundinamarca y Santander
Carángano de vejiga; Huila
Carraca o quijada de equinos
Castrera o castruera (capador); Antioquia
Chiflos (capador); Boyacá
Chirimía clásica (Girardota y San Vicente); Antioquia
Chucho o alfandoque
Concha de gurre (armadillo) o cuzca
Cucharas de palo
Cuchimbalé (redoblante), Guambiano
Dulzaina o violina; Nariño
Esterilla de cañas
Flauta travesera de queco; Huila
Guache (de totuma)
Guitarra criolla o guitarrucos
Hojita de guayabo, naranjo, etc.
Kuvi néhuish (flauta mayor); Páez
Kuvi nuch (flauta menor); Páez
Kut (tambor); Páez

Loos o pegaté (flauta travesera): Guambiano
Marrano (zambumbia), Boyacá
Matraca de cajón; Antioquia
Matraca de trinquete (de caña)
Nubalé (bombo); Guambiano
Ocarinas de arcilla cocida
Pandereta criolla
Pinkullo o pinquillo
Puerca (zambumbia); Huila
Quena; Nariño y Cauca
Quiribillo
Raspa o caña de ranuras
Raspa o caña de sonajas
Redoblante
Requinto
Rondador (capador); Nariño
Silbatos de arcilla (ornito y zoomorfos)
Siruu (trompeta de balso); Catío
Tambor de caucho; Catío
Tiple
Tiple-requinto

Región caribe

Acordeón de botones; Cesar, Magdalena, La Guajira
Arco musical o de boca; Palenque de San Basilio, Bolívar
Arpa de carraca, "rompa", birimbao o guimbarda; Wayúu
Atuunsa (flauta de cabeza de hacha); Yuco-motilón
Ayushik (flauta de hueso humano, tibia); Yuco-motilón
Bombo o tambora
Caja vallenata; Cesar, Magdalena, La Guajira
Caña de millo
Carángano de bolillo
Chúa (caracol marino)
Claves macho y hembra
Daripará (ocarina); Yuco-motilón
Doksará (ocarina); Yuco-motilón
Gaita macho
Gaita hembra
Guacha (sonajero)

Guacherna (tambor)
Guacharaca de caña
Guacharaca de calabazo
Guitarra criolla o guitarrucos
Kaachi, kasay o cacha (tambor); Wayúu
Kúisi sigí (macho); Kogi
Kúisi bunzí (hembra); Kogi
Mapalé (tambor)
Maraca costeña (pares)
Marimba de chonta (xilófono)
Markone (tortuga); Kogi
Massi (flauta de 4 ó 5 orificios); Wayúu
Monkú (tambor); Kogi
Pechiche (tambor); Palenque de San Basilio, Bolívar
Penanucha o penamucha (flauta de hueso humano,
  fémur); Yuco-motilón
Pico de coyongo
Poporo (calabacito de la cal); Kogi
Quena de un orificio; Yuco-motilón
Semillas zumbadoras; Wayúu
Shiwapris (flauta vertical); Yuco-motilón
Soke (capador); Yuco-motilón
Sokske (arco musical); Yuco-motilón
Tambor; Kogi
Tani (maraca); Kogi
Tarirai (arco musical); Wayúu
Uotoroyó, totoy y ontorroyoy; Wayúu
Zira (maraca ceremonial); Wayúu

Litoral pacífico

Achunono (silbato de cráneo de jaguar); Cuna
Agujeros zumbadores; Noanama
Bombo o tambora
Carángano de bolillo
Carisso; Noanama
Churo (tubo sonoro o mirlitón); Emberá
Concha (caracol); Noanama
Cununo macho
Cununo hembra
Disco zumbador; Tucano, Emberá, Noanama

Flauta dulce; Emberá

Guazá o guasá

Käapalet (bastón de sonajas); Cuna

Käapolo (chucho); Cuna

Kalpipir (silbato de hueso); Cuna

Kamu-purrui (capador); Cuna

Kamusuara macheret (macho); Cuna

Kamusuara omo (hembra); Cuna

Kamusuit (flauta ceremonial); Cuna

Karlbeebil (flauta ósea del ala de un águila); Cuna

Koe-naga (venado-pata) para el nasisi; Cuna

Köke (kamu doble); Cuna

Korki-kala (flauta ósea del ala de un pelícano); Cuna

Kugiu (canoa); Noanama

Kuli (tubo sonoro); Cuna

Marimba de chonta (xilófono)

Meyeskababa (capador); Noanama

Morpep tatu o morbep tudu (silbato); Cuna

Mulanono (silbato de cráneo de pavo); Cuna

Nassisi o nacha (maraca); Cuna

Niklawala (sonaja tubular); Cuna

Pipana (flauta dulce); Noanama

Silbato bucal; Cuna y grupo Chokó

Siri o pepe (capador); Noanama

Sirú o chirú (capador); Emberá

Suara, suarra, supé o tolo hembra; Cuna

Suara, suarra, supé o tolo macho; Cuna

Sulup-kala (karlbeebil pintado); Cuna

Taeki (pito); Cuna

Tambor grande (bombo); Noanama

Tambor pequeño (redoblante); Noanama

Tete o tetenono (flauta cráneo de armadillo y hueso de ave); Cuna

Tondóa (tambor); Emberá

Uakuurmía (trompa); Noanama

Uaskala (silbato de hueso); Cuna

Waikóko (cinta de caña oscilante); Emberá y Noanama

Región llanera y Amazonia

Agujeros zumbadores; Huitoto, Guanano, Baniva, Macú, Cocama, Yagua, Ticuna y Jebero

Bandola llanera de cuatro cuerdas
Bandolín llanero de ocho cuerdas
Bebóru (bastón de sonajas); Cubeo
Bgüi-buico (silbato de arcilla); Curipaco
Bombas (tambor); Ingano
Borepu deariyuxke (bastón hueco); Tucano
Botuto de tierra; Sáliba
Canoa; Tucano
Capachos o maraco llanero
Capador; Baniva
Capador; Coreguaje
Capador; Guahíbo
Capador; Jebero
Capador; Macú
Capador; Miraña
Capador; Passé
Capador; Piaroa
Capador; Tariana
Capador reversible; Puiñave
Carraca o quijada de equinos
Churo (caracol); Ingano
Corabiki (tambor de foso); Huitoto
Cotirruda (maraca); Puiñave
Cuatro
Cuhay (trompeta); Puiñave
Dadóo (maraca); Sáliba
Dselú (capador); Hianácoto-Umáuna
Firisai (cascabel vegetal); Huitoto
Flauta dulce; Coreguaje
Flauta travesera; Ingano
Flauta travesera gigante; Camsá
Flauta de lengüeta doble; Tariana
Flauta de hueso de ave; Baniba
Furruco llanero
Gagujai (flauta); Huitoto
Gaxpi-soro (ocarina); Tucano
Gnyamangwá o ñama-cohé (quena de hueso); Tucano
Guitarra criolla o guitarrucos
Hé (yuruparí); Desana
Hehéiba o héhei o pédüba (capador); Cubeo
Hojita de pasto; Piaroa

Ieumai (maraca); Puiñave
Ja-jáuculi (maraca de viejo); Tucano
Juai-rai (maguaré); Huitoto
Jatonés (cacho de toro); Ingano y Camsá
Judúe (flauta); Huitoto
Juh o huu o goo (tortuga); Tucano
Kara-kara (ocarina); Tunebo
Karisó (capador); Tucano
Katsatí (tambor); Tinigua, Sáliba y Camsá
Kéyari (maraca); Desana
Kulirina (trompeta); Cubeo
Kurubeti (sonajero); Tucano
Maguaré macho; Huitoto
Maguaré hembra; Huitoto
Minia foná (yapurutú); Guanano
Miyesfjuá (trompeta); Camsá
Nueces zumbadoras; Tucano
Nunumatá (capador); Yagua
Nyaxranu (maraca); Tucano
Ñaguindali (piedras sonoras); Piratapuyo
Ocarina de cráneo de venado; Guahíbo
Palo zumbador; Bora
Orebi (capador); Ocaina
Peduyo (yapurutú); Tucano
Perúbali (capador); Carapana
Perúliro (capador); Tuyuka
Peyú-uari (tortuga); Tucano
Piahanú (capador); Huitoto
Poporo (calabacito de la cal); Tucano
Quena; Huitoto, Macú, Baniva y Tariana
Reniio (maraca); Piaroa
Requinto
Rerímbacue (capador); Huitoto
Sihoo (caracol); Tucano
Sikano (pito de cráneo de sapo); Huitoto
Sineh (caracol de tierra); Tucano
Siroró (capador); Bora
Sirumée (capador); Muinane
Sirrampla o verada llanera
Snjanabé (tambora); Camsá
Suribí (trompeta); Baniva, Cubeo, Jirara e Isana

Tálasuba (capador); Desana
Tambor; Macuna
Tambor; Yagua
Toá-toré (maguaré pequeño); Tucano
Tonóa (tambor); Camsá
Toóto (tambor); Ticuna
Trompeta de calabazo; Sáliba
Trompeta de guadua; Cubeo
Tsakápa (sonaja de semillas); Cocama
Tubo doble sin huecos digitales; Desana
Turumba (birimbao); Cocama
Toríbacue (capador); Huitoto
Uaitu (sonajero de semillas); Tucano
Tséko (capador); Ticuna
Uliapa o ruliapa (capador); Guanano
Uriga (trompeta de arcilla); Macuna
Urútsa (capador); Cocama
Ursidi o ursiri (flauta dulce); Noanama
Watcha (sonaja); Tucano
Weká (bastón del cachirí); Desana
Webó, vebó, veó-pame, ueópama o vémpompali (capador); Tucano
Yakumana (tortuga); Camsá e Ingano
Yalomo (bastón de balso o yarumo, hueco); Tucano
Yapurutú o mexte-palo; Tucano
Yapurutú; Tariana
Ye'e-gé (lanza sonajera); Tucano
Yuruparí macho (poré, diablo); Cubeo, Bora, Piaroa
Yuruparí hembra (ponenó, mujer del diablo); Cubeo, Bora, Piaroa
Zha (cascabel de chaquiras); Camsá e Ingano

Cantos, tonadas y aires folklóricos de Colombia
(mestizos y mulatos)

Región andina

Bambuco
Bunde tolimense
Danza criolla
Guabina veleña
Guabinas estructuradas
Monos

Pasillo
Rajaleña
Sanjuanero
Sanjuanito
Torbellino

Región caribe

Bullerengue o bullarengue
Cumbia
Lumbalú
Malla
Mapalé
Merengue
Paseo

Porro palitiao (gaita)
Porro tapao (puya)
Puya vallenata
Son
Vaquerías
Canto de zafra

Región pacífica

Abozado
Aguabajo
Aguacorta
Aguachica

Agualarga
Alabao
Andarele o amanecer
Arrullo o arrorró

Bámbara negra
Berejú
Bunde
Caderona
Caramba
Contradanza chocoana
Currulao
Chigualo
Danza chocoana
Jota chocoana

Madruga
Maquerule
Mazurca chocoana
Pango o pangora
Patacoré
Polka chocoana
Salve
Saporrondó
Tiguarandó
Villancico

Región de los llanos

Galerón
Joropo
Pasaje
Seis por derecho

Seis por numeración
Seis por ocho
Seis figuriao
Zumba-que-zumba

GUILLERMO ABADÍA MORALES

Hijo de Enrique Abadía Rubio y Elda Morales Gómez, el maestro Guillermo Abadía Morales nace en Bogotá en 1912. En 1914 su familia deja la capital y se traslada entonces a la hacienda Salgado en la cercana población de Sopó, donde vive el ambiente campesino hasta 1919, cuando regresa a Bogotá a estudiar sus primeras letras en la Escuela Ricaurte y luego en el Liceo de La Salle. Termina su bachillerato en filosofía y letras y lleva a cabo cinco años de estudios de farmacia y Medicina en la Universidad Nacional que abandona para aventurarse por el Arauca y Casanare, donde se interesa vivamente por las costumbres y cultura de los Tunebo y los Guahíbo; a partir de estas experiencias decide dedicarse de lleno al indigenismo. De este campo pasa al estudio profundo de la folklorología en investigaciones de "fuente seca" (bibliotecas) y de "fuente viva" (trabajo de campo) y convive con diecisiete de las 105 tribus indígenas que clasificó posteriormente en nueve familias lingüísticas.

Entre 1965 y 1983 dicta la cátedra de música colombiana en el Conservatorio Nacional de Música de Bogotá y desde 1975 hasta el presente ha ocupado el cargo de asesor de folklore en el Instituto Colombiano de Cultura, en el Centro de Documentación Musical.

Ha dictado cursos de folklorología en las universidades del Rosario y Santo Tomás, así como en las bibliotecas Luis Ángel Arango de Bogotá y Darío Echandía de Ibagué. Similares cursillos ha dictado en las universidades del Valle del Cauca, del Cauca, del Tolima y en la Industrial de Santander, para mencionar tan sólo algunos de ellos.

A sus ochenta y dos años son muchos los galardones que ha recibido y entre otros se pueden citar la Clave de Oro de Ginebra (Valle) en 1989, el Mundo de Oro de Medellín en 1982, las letras de miembro de número de Caballeros de Calatrava de la facultad de humanidades y colegio de humanistas de la Universidad del Rosario en 1985, los diplomas de experto y profesor especial de la Universidad Nacional en 1968 y 1975 y la medalla "Manuel Murillo Toro".

En 1990 cumplió cincuenta años de trabajo de divulgación de la cultura musical en la Radiodifusora Nacional de Colombia.

De sus escritos y publicaciones es necesario destacar el *Compendio general de folklore colombiano* (Biblioteca del Banco Popular, Bogotá, 1983), *El coplerío colombiano* (Tres Culturas Editores, Bogotá, 1991), El correo de las brujas (Tres Culturas Editores, Bogotá, 1994), *Veinte estructuras de la guabina veleña y mojigangas de torbellino en cuatro departamentos colombianos* (Fondo de Cultura Económica, México).

Good-Bye,
Dressel Hills

Beverly Lewis

BETHANYHOUSE
Minneapolis, Minnesota

Published by Bethany House Publishers
11400 Hampshire Avenue South
Bloomington, Minnesota 55438
www.bethanyhouse.com

Bethany House Publishers is a Division of
Baker Book House Company, Grand Rapids, Michigan.

Library of Congress Cataloging-in-Publication Data

Lewis, Beverly, 1949-
    Good-bye, Dressel Hills / by Beverly Lewis.
       p.   cm. — (Holly's heart ; 7)
    Summary: When Holly's stepfather gets a new job in Denver, she has two weeks to pack and say goodbye to her friends.
    ISBN 0-7642-2506-5
    [1. Moving, Household—Fiction. 2. Christian life—Fiction.] I. Title.
II. Series: Lewis, Beverly, 1949-   Holly's heart ; bk. 7.
    PZ7.L58464Go   2002
    [Fic]—dc21   2002010724

Author's Note

Wonderful input comes from my kid consultants: Mindie, Amy, Kirsten, Anastasia, Jonathan, Kristin, Aleya, Shanna, Andrea, Janie, and Julie. They make the HOLLY'S HEART series even more fun to create!

As always, I appreciate the help of my local SCBWI writers' group and my husband, Dave Lewis, who spends his free time reading and discussing manuscripts with me.

Special thanks goes to Barbara Birch, my witty sis, who dreamed up the idea of Holly and friends being snowbound at school.

Hurrah for my many fans who think Holly really *does* live somewhere in Colorado!

To

Barbara Birch,

my sister and friend,

who dots her *i*'s with hearts.

I was brushing my hair before breakfast when I first heard the word. It hung in the air, like a dagger waiting to be hurled.

Tossing my brush onto the bed, I crept into the hallway, listening. Mom was in her bedroom, talking on the phone with Uncle Jack. I bristled when I heard the word again.

Moving!

"I'm not sure how I feel about it," Mom was saying. "Let's discuss it with the children first."

I gasped and stepped back into my bedroom, closing the door behind me. Moving! How could we leave the only home I'd ever known? Trembling, I pulled my journal out of the bottom drawer of my desk. I began to write: *Tuesday, March 22: News flash—Mom said something horrible today—something about moving!*

That was all I could write before my curiosity took over. I poked my head out the door and listened again. Mom was still talking. I headed for her open bedroom door and tapped.

"Come in," she called to me.

Quietly, I curled up on the foot of the bed and waited till she got off the phone. Trying not to eavesdrop, I glanced around the room. Things looked about the same as they had before Thanksgiving Day—nearly four months ago—when Mom had remarried and her new husband, my uncle Jack, and my four cousins had moved in. A gray leather case lay on the left side of the antique pine dresser, and a blue terry bathrobe hung on the hook inside their bathroom. Other than that, the bedroom still had Mom's feminine stamp on it, with rose-colored bed pillows and lace doilies under the dresser lamps.

Finally Mom said good-bye and beeped off the phone. A worried frown creased her forehead.

"Holly," she said, "I want you to listen before you say anything. Please?"

That's when she told me about Uncle Jack's consulting business and how well it was doing. So well, in fact, that he was thinking of opening an office in Denver.

"You mean we're leaving Dressel Hills?" I blurted.

"Well, it's a strong possibility." She tied the belt on her pink bathrobe. "But we'll know for sure on Friday."

"What's Friday?" I asked.

Mom sighed. "I'll let Jack explain it to you tonight."

"So my life is being put on hold for three days?" I whined.

"I know this must be disappointing for you, honey." She came over and kissed the top of my head. "Moving, especially to a big city, frightens me, too."

"I'm not scared to move, Mom. I just don't *want* to move," I said. "Dressel Hills is my life—yours, too!"

"Moving can be very complicated," she said, staring out the window. She had a faraway look in her eyes, as though she was remembering something painful.

I stood up. "Leaving fourteen years of your life behind—now, *that's* complicated. No way am I going to miss the junior high musical. Or summer church camp. Oh, Mom, can't you do something?"

I didn't mention my friends Andie and Paula. Or Jared. I couldn't bear to think of saying good-bye to any of them.

"Nothing's been decided yet," Mom said, turning around. "That was Jack calling from Denver. He'll be home tonight. We can talk more about it then."

I knew that Uncle Jack's consulting business had been taking him to Denver more frequently. And I knew that Mom didn't especially care for him being gone overnight. But those weren't good enough reasons to move. Were they?

More than anything I wanted Mom to say this

whole moving thing was just talk. Something we would toy with and then discard.

"I'm going to be late for school," I said, scooting off her bed. Of course, I wasn't, but if I sat around arguing the benefits of staying in Dressel Hills, Colorado, I would be.

Hurrying to my room, I silently prayed that Friday's phone call—whatever it was—would cancel out this hideous moving talk.

♥   ♥   ♥

At school I kept the news quiet. Maybe by not saying anything the move wouldn't happen. But at suppertime, the reality hit me hard.

Still wearing his dress shirt, Uncle Jack sat at the head of the table. His suit coat and tie hung over the chair behind him. With a hesitant smile, he pushed his apple pie aside and leaned over to open his briefcase. Up he came with a flip chart. Homemade. Then he reached into his shirt pocket and took out two packs of gum, distributing a stick to each of us.

I groaned silently. *Bribery*. He'd gone to great lengths to make points with us kids. The gum thing was clever, and I could see it already starting to work by the smiles coming from Carrie and Stephie across the table.

Uncle Jack flipped to the first card. "Okay, kids, we need to understand each other." He pointed to a cartoon picture of two big hearts and six little ones, complete with eyes and smiling faces. The girl hearts had long hair and the boy hearts had mustaches. There were mountains in the background. Our mountains.

Stephie and Carrie giggled, but Mom shushed them playfully. Mark and Phil wagged their heads, holding their hands around their faces, imitating the heart faces. Stan and I sat quietly, acting mature and civilized.

Actually, the drawings weren't half bad. Uncle Jack had always made special homemade cards for Mom when they were dating. "As you can see, this family is full of love for one another," he continued, glancing at Mom.

Phil made gagging sounds while Mark said "Yuck" at least five times. Uncle Jack waited, casting a hard eye on his younger sons. They settled down quickly.

Uncle Jack began again. "For the past few days, I've been driving to Denver to handle the new business accounts, and it looks as though I might open an office there." He paused. "The problem is, we have no one to run the Denver office except my partner or me."

I thought about Uncle Jack's business partner, Mr. Miller. He and Mr. Miller had been business partners in Pennsylvania before they moved to Dressel Hills. It was the Millers who'd suggested that Uncle Jack come here in the first place. They thought it would do him good, starting over in a new place after his wife, my dad's sister, died of cancer last year. So, from my point of view, it made more sense for Mr. Miller to take the Denver office.

I took a deep breath, scrounging up some courage. "Why can't Mr. Miller go to Denver?" I asked, suddenly realizing what I'd just said. If he moved, so would Paula and Kayla, his twin daughters and my good friends.

"You're thinking, Holly, but I'm the one who's established most of the Denver accounts," Uncle Jack explained. "So it seems that I'm the logical choice."

How could he be so unemotional about this? "Well, why can't you just get someone else?" I shot back.

Uncle Jack glanced at his flip chart. "We're trying. But there's only one other man we would entrust with this position. We've offered him the job, but we won't know his answer until Friday."

My uncle had all the answers, it seemed, but they weren't good enough for me. I argued, "But you just moved here. Doesn't that matter?"

Uncle Jack nodded. "Good point, but we never expected our Denver accounts to grow so quickly." He leaned back in his chair. "Sometimes that's very difficult to predict."

I swallowed hard. "Why'd you choose Dressel

Hills in the first place?" It was a two-fold question.

"Now, Holly..." Mom had picked up my sarcasm instantly. She was glaring at me, her eyes squinting tightly.

Uncle Jack put his hand on Mom's shoulder. "At first it didn't matter where we based our company, since we set up computer systems all over the world."

I forced the tears back, slouching down in my chair.

Uncle Jack turned to look at Stan. "How do the rest of you feel?" His eyes scanned the table anxiously. All six kids stared at him, silent.

I couldn't believe it! He sounded like he was ready to pack up and ship out tomorrow. He didn't really care what we kids wanted. As far as I could tell, Jack Patterson was a much better uncle than he was a step-dad!

Mom glanced at me. A worried smile flitted across her face. I could tell she was concerned about my feelings.

Stan, Phil, and Mark, my brousins—I called them that because they were really cousins-turned-brothers—continued to eat pie as though moving away was no big deal.

Ten-year-old Phil reached for a glass of milk. "I'm barely unpacked from moving here from Pennsylvania, so no problem," he said. "Denver sounds cool." His face lit up. "Hey, maybe Dad'll take us to watch the Colorado Rockies play!"

Mark stretched his lips wide with his pointer fingers, wiggling his tongue in and out of his mouth like an anteater. "Are dere juicy ants in Denber?" he blubbered.

"Stop it," I muttered, staring at my ridiculous eight-year-old brousin. Why couldn't he behave like a normal human being, especially at a time like this?

Uncle Jack ran his fingers through his wavy brown hair. The twinkle was gone from his eyes. "This won't take long, son," he said, giving Mark another serious look. Then he turned to the second card on his flip chart while I took another bite of dessert.

The next cartoon showed the big heart with the mustache waving good-bye to the other big heart with shoulder-length hair. The Denver skyline was in the distance. Little tears dripped off the mother heart's face. Six little hearts wore sad faces, too. Stephie was the smallest heart, followed by Mark, Carrie, Phil, me, and finally Stan, my sixteen-year-old brousin.

"Reason number one for moving," Uncle Jack began. "Your mother and I want to be together; we don't like being apart. We're newlyweds, after all." He squeezed Mom's hand.

I waited for Phil to gag and Mark to yuck, but they were busy stuffing their mouths with pie. Instead, seven-year-old Stephie spoke up. "I wanna stay here," she said. "We can't ride the city buses in Denver for free like Carrie and I do here."

Mom nodded, smiling faintly. "Denver's too big

for little girls to do that by themselves, anyway. But that's a thought."

I could see Mom was trying to be democratic about this. By now, I didn't care what anyone was saying or how it was being handled. I just wanted to go to my room. Away from this nightmare of a stepfather.

Carrie, my nine-year-old birth sister, sided with Stephie. "I don't want to leave Dressel Hills, either," she said. "The ski lifts are only five minutes from our house."

Ever since Mom and Uncle Jack got married, Carrie and Stephie had joined rank—usually against me. This time, though, the three of us were in agreement, but not for the same reasons. Not even close.

There was only one reason I couldn't begin to say good-bye to Dressel Hills. Only one. This ski town was my life—my entire life.

Fighting back the tears, I pushed my chair away from the table. "Excuse me," I stammered.

Without looking back, I ran from the room.

2

Before fourth period choir on Wednesday, I hurried upstairs to the music room and peeked in the door. Andie Martinez, my best friend, was sitting at the piano, arranging the music for rehearsal. She was the official pianist for choral union—the best of the seventh-, eighth-, and ninth-grade singers. Often during rehearsals, I watched Andie's fingers fly over the keys while her dark eyes studied the music intently. In fact, practices and concerts were the *only* times Andie was serious.

Today she wore denim jeans and a red-and-white shirt that set off her dark skin and dark brown curly hair. She ran her fingers over the keys, hit a wrong note, stopped, and frowned. Just as she began playing again, I opened the door and hurried inside.

Andie glanced up and immediately stopped playing. "Holly!" she said. "Ready for 'Edelweiss' today?"

For weeks we had been practicing the choral

arrangements for the spring musical, *The Sound of Music*. Tryouts for the lead parts were April 11—only two and a half weeks away. Everyone was talking about who would get Maria, the female lead. But at this moment I had more important things on my mind, like my future and how I'd go on living without my Dressel Hills friends.

"Andie, we have to talk." I leaned against the console piano.

She looked at me and stood up. In two seconds her eyes changed from curious to concerned. "You look sick, Holly. You okay?" She reached for my arm.

"Oh, Andie, it's so awful," I burst out. "I think Uncle Jack's going to move us to Denver."

Andie's eyes grew wide. "What for?"

I explained the situation based on our family meeting last night.

"You can't move, Holly. I won't let you." She sat down hard on the piano bench. And then she was silent, like she was soaking it all in. It was a rare moment when my friend was speechless. But this wasn't just any news. This news could change our lives forever.

"It's such rotten timing," she said at last, hurling a crashing chord to the piano keys. "We *have* to go to high school together! After all, we're best friends. What about that?"

"I know, I know," I whispered.

"How can you move, Holly? I mean, this is your

home. You'd hate a big city, stuck in some high-rise apartment building. Who knows, maybe you'd never see the sun again. And a new school and new kids. They might ignore you, or—worse—bully you if you don't fit in, or—"

"Just stop it!" I sat beside her on the bench. "I thought you'd be a little more sympathetic."

"I am. I feel sorry for you." She sighed. "For me— for us both." Andie frowned at her music. "How long before you know for sure?"

"This Friday."

"How could your uncle be so cruel?" Andie cried.

I stared at my feet. "He seems so selfish all of a sudden. I mean, he just waltzed into our lives and took over. And now this."

"I can't believe it." She shook her head. "It's so unfair."

A few kids were trickling into the room, and I didn't want to be caught crying, so I turned and headed for the soprano section.

Andie played a mournful tune. It wasn't anything from *The Sound of Music*. Watching her fingers on the keys, I sensed what Andie was feeling. I settled into a chair, worrying about the possible nightmare facing me.

"Holly? Are you, uh . . . *in* there somewhere?"

I looked up, startled to see my friend Paula Miller waving her hand in my face. Her other arm balanced a pile of music folders. "Oh, I'm sorry," I said, standing up to help her distribute them.

"Man, that was some trance, Holly," Billy Hill said, laughing as I tossed a folder to him. He flung it across the room to Jared Wilkins as he came in.

"Who's spacing out?" Jared asked, looking around comically, then catching my gaze.

"Holly. She must be dreaming about a new man," Billy teased Jared, elbowing him as he sat down.

"I seriously doubt that," Jared boasted. "She likes *me*—who could ask for anything more?"

I grinned, blushing. It was true. At least for now. But what would happen if we moved to Denver?

"Up here, Holly." I turned to see Shauna holding her hands up for a folder. She sat in the back row with her best friend, Joy, who waved cheerfully.

Slowly, I moved to the back of the room, standing motionless as I gazed at first one friend, then another.

My eyes locked on Andie warming up at the piano. Her navy-and-white Skechers peeked out from under the flared hem of her jeans as she pressed the pedal. Our friendship went way back. During grade school, we'd written a set of Loyalty Papers and exchanged favorite teddy bears to seal the pact.

How . . . *how* could I leave Andie?

Jared hammed it up with Billy, laughing at his own jokes. He was every junior high girl's dream: gorgeous light brown hair, blue eyes, and a teasing wink that wouldn't quit. Somehow things had worked out between us. We'd jumped through a few hurdles, including my crazy month-long scrutiny test, to get where we were now. But I was comfortable with Jared—my first true guy friend.

Next to him sat Billy Hill, showing off his new letter jacket. I remembered the crazy antics he pulled at my thirteenth birthday last year. Where would I be without Billy?

Danny Myers wore one of his Sunday dress shirts. Long sleeves, buttoned at the wrist. He liked dressing up all the time. I smiled, recalling our short-lived close friendship—the gondola ride up Copper Mountain last summer and the afternoon at the library deciphering Uncle Jack's handwriting. Yes, I would miss Danny, too.

And there was Amy-Liz, a curly-haired soprano. Fun-loving and sweet, Amy-Liz was the life of the party. Her friends and mine, Joy and Shauna, whispered as they thumbed through their music folders. Probably looking for one of the best love songs in the musical so far—"Something Good"—assigned last week. What good friends they were.

My gaze rested on Paula. She sat beside her identical twin, Kayla. Paula was obviously attempting to establish her own identity these days. Her hair was brushed forward, swirling around her shoulders in layers, while Kayla's was a mass of relaxed moussed curls.

Thank goodness our feuding days were past. What a nightmare it had been since the twins moved to Dressel Hills last year. Their flirtatious ways had made me sick. On top of that, Paula had openly tried to steal Jared away from me. But things had changed between Paula and me. I actually considered her one of my very best friends now. Would she miss me enough to keep in touch by email?

Over the din of voices, I saw the door open. A hushed silence fell over the kids as Miss Hess, our choral director, marched into the room. Her black calf-high boots clicked across the floor like muted staccato notes. I hurried down the aisle and quickly slipped into the seat beside Paula.

"Miss Hess looks wiped out," Paula whispered.

"Maybe she had a late date," I said back. "Or maybe the musical's getting to her."

Young and pretty, Miss Hess had a positive outlook on life, but she was also quite a perfectionist. I knew she was concerned about the spring musical. In fact, I'd heard that she was getting a student drama teacher from a college in Denver to help her direct it.

I'll miss the musical if I move. The thought stabbed my heart, and I breathed deeply, watching Andie fidget at the piano. She glanced up at me, holding my gaze longer than usual. A lump grew in my throat as I thought about leaving this school, this town. Could I survive without Andie and Paula? Jared and Danny? Billy and—

"Good morning, class," Miss Hess said, interrupting my thoughts. "Today we'll begin with five-tone scales on *ah*, then on *oo*." She gestured for us to stand.

"Everyone ready?" She faced the piano, nodding as Andie gave the beginning note.

It was hard warming up your vocal chords when all you really wanted to do was cry. My voice sounded squeaky as we worked our way up the scale.

Paula must've noticed. She glanced my way after the first set of warm-ups. "You okay?"

"Barely," I said, making sure Miss Hess didn't catch me talking.

" 'Edelweiss' next, please," Miss Hess announced when we finished our warm-ups. "Altos first." She paused, glancing up at me. "Holly Meredith, will you perform the solo today?"

My heart sank, but I nodded. *Just my luck.*

Andie began to play the introduction.

"Go for it, Holly," Paula whispered.

I peered over at the tenors. Jared tugged on his Nike T-shirt, flashing his glorious grin at me. I swallowed the lump in my throat and counted the measures before my solo. Only eight.

Could I pull it together in time?

Jared's smile . . . those perfect blue eyes . . . his sweet words . . . I might never see him again!

Tears sprang up, blurring the notes. I blinked my eyes, wiping the tears, trying desperately to see the music. Where were we, anyhow?

Struggling to find my cue, I listened to Paula next to me. My solo was coming up—only a few measures away. I coughed, trying to clear my throat.

When I opened my mouth to sing, nothing came out.

I tried again. It sounded squawky—perfectly horrid!

Miss Hess stopped the music and leaned her arms on the podium. "Holly?" Her soft hazel eyes expressed concern.

I froze in place as Miss Hess and the entire choir waited for my response. Coughing, I tried to speak, but a squeak emerged, "I can't . . ."

Paula put her arm around me. "Holly's not feeling well," she explained. She led me down the aisle. And a roomful of eyes pushed through the back of my head as we left the room.

3

In the girls' rest room, I dashed to the first available stall. Locking the door behind me, I let the heart-wrenching sobs pour out.

"Holly, what's wrong?" Paula asked through the door.

"The worst thing in the world might be happening," I stammered.

"Are you sick?"

"Worse."

"Are you *very* sick?"

"It's not cancer, but it is terminal," I blurted.

"Open the door, Holly," Paula said. "You have to come out and talk to me."

I fumbled for the lock. "It's just . . . so hopeless."

By the time I emerged, Paula's face was ashen. "Is something wrong . . . at . . . at home?"

Leaning over the sink, I tried to repair my makeup. That, too, was hopeless. "Nothing's wrong between Mom and Uncle Jack, if that's what you mean. I've been through divorce before. Believe me, it's nothing like that."

"Well, then *what?*"

I hesitated, looking up at her. "We might be moving," I said softly.

Paula's eyes grew wide. "When?"

"We'll know by Friday."

"That's the day after tomorrow," Paula said. "Will you be completing the school year here?"

Sometimes Paula talked like she was straight out of another century.

"Wouldn't *that* be nice! The least Uncle Jack should do for me," I said. "He's completely unreasonable these days. All he thinks about is his dumb company. It's *so* annoying."

"I would think so." She looked at me with sympathetic eyes. "I wonder if this will affect my dad's part of the business. He never told us your uncle was thinking of moving."

"Maybe you'll move, too—at least it'll be nice for me if you do," I said. More tears.

"For me, too," she said with a hug. "We're friends now, don't forget."

It was true. Paula and I had come a long way since her family moved here last year. For the most part, Andie, Paula, and I were a threesome now.

After pulling gobs of toilet paper off the roll and

dabbing at my mascara, I was ready to face the world again.

The practice for "Edelweiss" was over when we returned to the music room. The guys were working on an ensemble section of "The Lonely Goatherd." Miss Hess didn't comment as Paula and I took our seats. Thank goodness.

After class, things went crazy. "Holly, are you okay?" Jared asked, rushing over to me.

Danny followed on Jared's heels, his serious eyes surveying the situation. Billy and Andie came up to me. Soon, Amy-Liz, Joy, and Shauna circled me like a wagon train roundup.

I couldn't remember having been fussed over so much. It made me nervous. How could I stand here and discuss the possible move in front of all my friends?

Grabbing my arm, Andie spoke up. "We'll fill you guys in later." She ushered me through the huddle and out the door.

"Hey, wait up," Jared called.

"Later." Andie flung the word over her shoulder.

"Holly!" Jared tried again. He wouldn't give up, I was sure of it. I heard the sound of footsteps, then I felt Jared's hand on my shoulder, gently turning me to face him. "Look, if you're sick, Holly-Heart," he said, using the nickname Mom gave me because of my Valentine birthday, "I'll call your mom for you." He was holding my hand in both of his.

"Does she look sick to you?" Andie asked.

"Well, her eyes are puffy," he observed.

"That happens when people cry. It's normal," Andie explained sarcastically. "She's having a mood change, that's all. When the sun comes out again, she'll tell you all about it." With that, Andie proceeded to pull me down the hall toward her locker, leaving Jared behind.

"Thanks," I said, waiting for Andie to work her combination lock. "You were sweet back there."

"You can't let these guys run you around, Holly," she said as she flung open her locker. "And Jared's way too possessive of you, in case you hadn't noticed."

I gasped. "He is?"

"Look at his eyes. You'll see it if you know what to look for." She reached up, stuffing a notebook inside her messy locker. "Remember what your dad told you in California?"

"I know, but—"

"Well, I've been watching Jared," she said. "I'm telling you, he's getting just a little too mushy, if you ask me."

"Shh! Here he comes," I said.

Jared came over and reached for my hand. "Holly-Heart, let's talk."

Despite Andie's disapproving look, I nodded.

"Everything okay?" he asked as we walked to lunch.

That's when I told him my news. Half the school

stared as we entered the cafeteria. By now, the choir had probably spread the word about my crying episode. That was one of the few disadvantages of attending a pocket-sized school—everyone knew everyone else's business.

Jared pulled out a tray, letting the excess water drip off before handing it to me. "Any chance you won't go to Denver?"

I shrugged. "My uncle has this wild and crazy idea. He thinks he's the only one who can run the office there."

We found a table and sat down without talking. Jared ate his cheeseburger and fries faster than usual. He seemed lost in thought.

Me? I was too upset to eat, so I picked at my food.

Finally I broke the silence. "How can we keep our friendship going with so many miles between us?" I asked softly.

His jaw was set; his eyes looked serious. "How many email messages can you write a day, Holly-Heart?"

"Zillions," I answered, looking away. His gaze was too intense for me. I didn't want to cry again.

"Oh, man," he groaned. "This is so bad."

"Let's talk about something else," I said. "How about the spring musical? What part do you want to audition for?"

Jared scratched his head for a moment, then

blurted out, "If you won't be around, there's no way I'll feel like singing."

"I'm sorry." I pushed my tray away. "I don't know how to handle this, either." I leaned my elbows on the table, my hands on my face. "I can't believe this," I cried.

Jared cleared his throat. Maybe he was trying not to cry, too. "Look, Holly, we'll work something out." He paused. "I don't want to lose track of you. Never."

I sat up, looking at him. Andie wasn't kidding, he *was* serious!

"Maybe after I get my license I could drive to Denver on weekends." His eyes brightened.

"But that's two years away," I reminded him.

The light in his eyes faded. "Well, I'll call you every day, then."

"There's no way, Jared," I said, feeling as lousy as he looked.

"Holly," he persisted, "I'll get an after-school job to pay for the phone bill or something. I'm serious." By the look on his face and the tone of his voice, I knew he was.

4

After school, Paula Miller met me at my locker. She was wearing another new outfit—tan cargo pants and a rust mock turtleneck top. "Holly," she said hesitantly, "I don't have to come over today if—"

"I'm fine," I insisted, closing my locker. "You're coming home with me, just like we planned."

Paula grinned. "Great. I can't wait to discover the new me." She zipped up her brown suede jacket, blinking her mascara-laden eyes. "Maybe I can help you get your mind off moving."

"Sounds good."

Since I had tons of makeup leftover from my birthday party a month ago, I'd suggested to Paula that I do a make-over on her. She was really tired of looking like a clone of Kayla, her twin, and was eager to experiment with a new look.

We rode the bus to my house with Jared sitting directly behind me. He kept leaning over every other second with another new suggestion for our possible long-distance relationship. In a way, he was starting to bug me.

When Paula and I got off the bus a block from my house, Jared followed. "Mind if I tag along?" he asked as we picked our way over the snowy sidewalk toward my house.

I felt sorry about his pain, and I would have loved spending the afternoon with him. But I was ready to dump the moving thoughts for now. "Maybe another time," I said. "Okay?"

Jared looked surprised at first, but then he slowed his pace. "I'll call you tonight, Holly-Heart." And he headed slowly back toward the bus stop.

Now I really felt bad. Turning Jared away like that was heartless. But having him around while Paula and I fooled with makeup wouldn't be any fun for him anyway.

"Jared's really nuts over you," Paula said as we clumped up the deck steps to my house.

"Well, I like him, too. It's just . . ." I sighed. "I don't know what to do if we move." I opened the front door. "It's not fair hanging on to Jared. Even though we've been great friends for a long time . . ." I took off my jacket and hung it up.

Paula nodded. "Just be glad you're not older. What if you were really dating each other?" She pulled off her jacket and draped it over the living room couch.

"For now, let's pretend I'm not leaving at all," I

said, ushering her into the kitchen. "Let's talk about your make-over. I was thinking I'd give you a soft new look so no one will even know you have an identical twin."

"Sounds terrific." She pulled out a bar stool, all smiles.

Mom showed up just then. "Hi, Holly-Heart," she said, giving me a quick hug.

"Say good-bye to the old Paula Miller," I told Mom.

Mom chuckled, grinning at Paula. "Are you sure you trust Holly with your face?"

Paula laughed. "I must be pretty desperate."

Forcing nagging thoughts out of my mind, I washed my hands, then pulled out plastic bags of facial gunk and leftover makeup stored under the bar.

"Goofey, we're home," I called to my adorable cat. He came purring into the kitchen.

"Care for a snack, girls?" Mom asked.

"Sure, thanks," Paula replied.

"What about you, Holly?" Mom asked.

"No, thanks."

Mom's eyebrows shot up. "You mustn't be feeling well. . . ."

"Relax, Mom," I said. "I'm just not hungry." Usually I could eat everything in sight. Just not today.

Her eyes squinted a little as she pulled a couple of oranges out of the refrigerator.

"Besides," I said, "preparing to leave the only

town you've ever known can bring on all sorts of eating disorders."

Now she really squinted her eyes. "We'll talk about *that* later." Mom cast a sideways glance at Paula. She took out some apples and began to peel and slice them into chunks, just the way I liked them.

Goofey spotted Paula and rubbed against her ankle. "Oh, he's so-o cute," she cooed, petting him.

I scooped up some cucumber-based facial gook and waved it in Paula's face. Lowering my voice, I said, "Your face is in my hands, Paula Miller. Are you ready for this?"

Her eyes widened. "Do you have any idea what you're doing?"

"You betcha," I said with great confidence. "You'll be absolutely delighted with the outcome. Guaranteed!"

She giggled, allowing me to glob the alien-green stuff on her nearly flawless face.

"You just wait," I whispered, thinking how funny Jared would look with the identical treatment. Lucky for him I'd sent him home. Besides, all the cucumber facials in the world wouldn't bring a smile to his face.

When it was time for Paula's facial mask to come off, I brought a hot towel over from the sink. She carefully patted the hardened green crust. In minutes, Paula's face was glowing and makeup free. I couldn't believe how much better she looked minus the dark eyeliner.

"Nice," she said as I held the mirror up to her. She puffed out her cheeks, gazing into the mirror.

"Now we can see your natural beauty," I said, admiring my work. "You have very clear, even skin, Paula, and if I were you, I'd go with only a little foundation and a touch of light blush. No eyeliner."

"You sound like a Mary Kay saleswoman." She giggled as I applied a light base of foundation and a hint of blush. To accentuate her big eyes, I applied sable brown mascara and silky tan eye shadow.

"Hold still," I said.

Paula inspected her face again. "I . . . I don't know," she said hesitantly. "I don't look like myself."

"One thing's for sure," I said. "You look a lot less like your twin. You'll get used to less makeup. You'll see."

Mom brought over a plateful of apple and orange slices. Without asking, she poured a glass of milk for each of us. I noticed a little frown line. Was she upset about something?

"Enjoy," she said, taking a steaming cup of peppermint tea out of the microwave. "Nice seeing you again, Paula." She headed downstairs to the family room, where Stephie, Carrie, Mark, and Phil were supposedly doing their homework.

"Your mom is really sweet," Paula said. "You're lucky she's home all the time now."

"Yeah," I said, wondering what was bothering Mom. I settled onto the barstool across from Paula, reaching for an apple chunk. "It wasn't always that way. After Daddy left, she had to work all the time."

"I'm sure your uncle Jack makes things easier on the family's finances," Paula said.

"No kidding." I thought about my allowance. Uncle Jack had tripled it recently. At least that was one thing I could count on staying the same if we moved.

"Just think," Paula added, "if your mom hadn't remarried, you might not be leaving Dressel Hills at all."

"Probably not. But our family always sticks together no matter what." What I really meant to say was: Mom, Carrie, and I always stayed together no matter what. Uncle Jack could take a flying leap for all I cared.

Paula's voice grew softer, "Last year, when we first moved here, it was real hard making friends. For the longest time, Kayla was the only friend I had."

"What was it like moving away from your home in Pennsylvania?"

Paula looked up at the ceiling fan, as if doing so would help her remember. "Back east, my very closest friends and relatives lived within a few blocks of us. We grew up in the same neighborhood and attended the same school and church. When we told everyone we were moving, they promised to keep in touch. But I guess it's hard staying in touch with friends you don't see anymore." She paused for a moment, finishing off a piece of fruit. "There's one person who has never forgotten to write, though. By email, of course."

"Really?" I leaned forward, eager to hear of Paula's secret love in Pennsylvania. Had she been holding out on me?

A broad smile danced across her shining face. "My grandma still answers all my email messages."

I slumped back, a little disappointed. "What about guys you knew?"

"Well, one of my guy friends wrote me every other day, but when school started, I was too busy to answer his email," she said with a grin.

I didn't need to be told who had distracted her. From the time she'd laid eyes on Jared Wilkins, *he* had been her focus. And I'd become furious. But everything changed drastically a month ago when Paula made repeated efforts to win my friendship. Now I knew in my heart that she could be trusted.

I offered her a choice of lipsticks. She chose my favorite, for her coloring, at least. Cinnamon Toast. I watched as she held the mirror up to her face, applying the lipstick.

"Wow," I said, stepping back to view my handiwork. And hers. "You really look fabulous."

Paula gazed into the hand mirror. "I think you've missed one of your talents, Holly," she said. "You should consider becoming a makeup artist. You know, for celebs like movie stars and talk-show hosts." She reached down and hugged my cat good-bye.

We laughed together as we walked to the bus stop down the street. The way I always had with Andie. It was fabulous having more than one best friend!

"Thanks again for the new me," Paula said, waving as the bus screeched to a stop.

"Anyone who sees you will think you're the brand-new girl in town," I called to her.

She grinned as the bus doors swooshed open.

I hurried back to the house wishing a hearty farewell to my memory of the old Paula Miller. Inside and out.

When I closed the front door, Mom was sitting on the sofa, sipping tea. "Got a minute?" she asked. Her face looked drawn. Her eyes lacked their usual brightness.

Instantly, a knot formed in the pit of my stomach. I sat down. "What's up?"

"I need to talk to you." She placed her teacup carefully into the saucer on the round coffee table. By her precise movements and the tone of her voice, I knew trouble was brewing.

"Something wrong?" I asked.

"I'm not sure." She studied me. "I'm hoping you can fill me in, Holly-Heart."

"About what?" I felt the knot tighten.

Her fingers strummed the coffee table, and her eyes were squinty. "Exactly who is Sean Hamilton?" she asked.

5

"*Sean?*" *I repeated his name* as Mom pulled something from her pocket.

"This came today." She held up a letter. "Your father will be skiing in town next week," she said.

I didn't tell her I knew all about Daddy's plans from Sean. The last I'd heard, though, Daddy was coming during spring break.

Mom continued. "Evidently, your father's bringing Tyler, your stepbrother, too."

I nodded.

"And . . ." She paused, rereading the letter. "A boy named Sean Hamilton."

I smiled, remembering the tall surfer I'd met last Christmas on the beach while visiting Daddy. "He's just a friend I met when Carrie and I were out in California," I explained. What I didn't say was that Sean had just started writing to me. I had talked to him on the phone after my birthday, when Tyler called, and he'd sent a letter soon after that. It was just a friendly letter, telling about his classes and his niece and nephew. Nothing heavy, though he'd asked to exchange email addresses.

She fingered the envelope from Daddy. "By the way your father refers to him, he sounds older than you. Is that correct?"

I set the record straight. "Sean's going on sixteen, and he baby-sits for Tyler sometimes. That's why Daddy knows him so well."

"Really? A *guy* baby-sitter." Mom wasn't making this easy for me.

"He's good with kids. He adores his niece and nephew," I volunteered, not sure why I was trying so hard to convince her. "Just ask Carrie. She really liked him."

Mom's eyes got squinty again. "Your father let Sean baby-sit Carrie?"

"And Tyler . . . just for one short afternoon," I said. Why was she making such a big deal over this?

"Well, I'd like to meet this boy before you go off skiing with him." She adjusted her earring. "Your father has asked permission for you to spend the day skiing with Sean . . . and Tyler and your father, of course." She referred to the letter again.

"Well, it won't be like a date, if that's what you think," I said quickly. I could hear Uncle Jack coming up the porch steps, and I didn't want *him* poking his nose into this conversation.

"I certainly hope not," she said with an air of finality. "Still, I want to meet him."

Uncle Jack was knocking the snow off his boots before he came in the front door. Quickly, I got up and left the room. He was the last person I wanted to talk to. My life, and possibly my future, lay in his hands.

I felt a blast of cold air as Uncle Jack came in. "Whoo-whee!" he said to Mom. "It's getting cold. The weather reports say there's a killer blizzard headed our way."

Who cares about blizzards? I thought, closing the door to my room. I snuggled down on my window seat and picked up my latest Marty Leigh mystery novel. But I had a hard time keeping my mind on the plot. I kept thinking about moving . . . and Uncle Jack . . . and my friends. And Jared.

♥ ♥ ♥

After supper, Jared called. He sounded depressed. "Hey," he began. "I couldn't pass up a chance to talk to you for free, you know." He chuckled a little, but he didn't sound like himself.

I sighed into the portable phone. "I know how you feel, Jared." I paused, hoping he wasn't hurt about this afternoon. "I'm sorry about today, it just didn't seem—"

He interrupted me. "It's okay, Holly-Heart. Honest." He was silent, then came the same question he'd been asking constantly. "Have you heard anything more about the move?"

"Nothing."

He was quiet again.

"You okay?" I asked.

Sadly, he answered, "Call me the minute you know something."

"You'll be the very first," I reassured him. "I promise."

"I've been praying every minute, you know . . . that something will happen so you won't leave."

I smiled. "That's very sweet."

"*You* are."

I smiled. "Listen, Jared. I've been praying about it, too."

"That's good." He seemed to brighten a bit. "Isn't there a verse in the Bible about that?"

"Yeah, it's something about when two people pray for the same thing, it can happen." I swirled my hair around my finger. "Where's that verse found?" I asked, thinking of Danny Myers. He would know.

"The Gospel of Matthew somewhere," Jared said. "Hold on, I'll grab my dad's concordance. Every word in the Bible is listed in it—linked to a verse."

"Perfect." I could hear the pages turning as he

flipped through them, searching.

"Here it is," he said. "Listen to this."

"Hold on a sec." I walked to my desk, the portable phone still at my ear. I pulled out a pen from the center drawer and ripped off a piece of scratch paper to jot down the verse. "Okay, what is it?"

"Matthew 18:19," he said. "Wow. It says, 'If two of you on earth agree about anything you ask for, it will be done for you by my Father in heaven.'"

"That's incredible," I said, switching the phone to my right ear.

"Keep praying, Holly-Heart," he said softly.

I shivered with the thrill of his words. "See you tomorrow." I was reluctant to let him go. Hanging up, I thought about what Andie said—about Jared getting too mushy over me. Maybe she was right. But for now, it was okay, I hoped.

♥   ♥   ♥

Sean's second letter arrived on Thursday after school. He wrote about how excited he was to come to Colorado to ski, and how much fun it would be to see me again. I'd been putting off writing to him because I really wasn't sure what to say. I didn't want to encourage him too much, especially feeling the way I did about Jared. But I didn't want to snub him, either. After all, he was coming next week. So I wrote:

>Dear Sean,
>
>Thanks for your letters. I'm sorry I didn't write sooner. I've been busy with homework and other things.
>
>My sister can't wait to see Tyler again. He's coming along, right?
>
>I was just curious—how well do you ski? I'm sure my dad will coach you if you need help. He's the one who taught me when I was little.
>
>Dad wrote Mom a letter about bringing you to Dressel Hills with him, and now she wants to meet you. Mom's like that with all my friends, so don't worry, it's no big deal. Well, I better get going.
>
> Your friend,
Holly Meredith

The doorbell rang as I finished rereading the letter to Sean.

"Holly, it's Andie," Carrie called up the stairs.

"I'm coming!" I slipped my letter to Sean into the bottom drawer of my dresser and hurried to meet my friend.

She wore heavy black sweats and a purple ski jacket. "Did you hear?" she said, out of breath. "A blizzard's heading toward Dressel Hills."

I led her up the stairs to my room. "Yep, I heard," I said, thinking about Uncle Jack's announcement yesterday. I wished he would come home announcing something worthwhile for a change. Like that we were staying in Dressel Hills, for instance.

Andie plopped onto my canopy bed as I closed the bedroom door behind me. "It's supposed to be the storm of the decade. And it's going to hit here tomorrow morning—before dawn."

"Perfect!" I said, getting excited now. "Just think how much fun it'll be getting out of school for a couple of days."

She nodded. "We haven't had off in ages."

I sat cross-legged on my window seat across from her. "Wanna spend the night?"

She lit up at my suggestion. "I'll call my mom and check."

I handed her the portable phone. "When Stan gets home, maybe he can drive you to pick up your clothes."

Suddenly her eyes were ready to pop. "Uh, that's okay," she said, looking way too serious. "I'll catch the bus." Her words, and the way her face drooped, gave her away.

I gasped. "Did you and Stan split?"

"I can't talk about it."

"Aw, Andie," I pleaded. "You can tell me."

She stared at me. "You know, everything was absolutely incredible between Stan and me until your uncle started talking about moving to Denver."

I sighed. "Stan broke up because of that?"

"Yesterday." She looked away.

"How rotten," I whispered. "Why couldn't you guys write or—hey, Stan could drive back up here to see you on weekends, when you're old enough to start dating."

She rolled over on my bed and propped herself up on one elbow. "Get over it."

I glared at her. "Hey, I just wanna help."

She sighed. "If you think a long-distance friendship with a boy can work at our age, you must be brain-dead." She punched in the numbers on the phone. Then she stopped suddenly, looking up at me. "I can't sleep over here tonight."

I understood perfectly. "Yeah, because it would be weird hanging around with Stan in the house," I sympathized with her. "Especially if we got snowed in tomorrow."

She pulled on a dark curl, sitting up. "He says we'll still be good friends, but . . ."

"Yeah," I whispered. "It's never the same." I was thinking of Danny Myers. We'd been really good friends, too, before he'd asked me to "go with" him. Then, after we called it quits, things were totally different, even though we still considered ourselves friends.

I stretched my long legs, yawning. "I'm worried that'll happen with Jared and me."

"Well, you have no choice, do you? Not if you move away," Andie insisted. "Besides, it's time Jared wakes up."

I studied her. "What're you saying?"

She let herself slide off the bed and onto the floor. "He acts like he owns you or something. You better check it out before you set up something long-distance. Maybe he thinks you and he, are, well . . ."

"What?" I demanded.

"Maybe Jared thinks he's going to marry you someday!"

"So, what's wrong with planning ahead?" I said, giggling, yet I was aghast.

Andie's one eyebrow shot up and her mouth gaped open. "You've got to be kidding."

"Well, we haven't discussed it, if that's what you mean, but I *do* think I care a lot about him."

It was Andie's turn to gasp. "In *like?*"

I nodded.

"Hey, Stan and I were humming right along before he found out you guys were probably moving. But I never thought I cared that much for him."

"It's not something you always know right away," I said, still torn between hanging on to Jared and saying good-bye to our friendship.

Knock-knock.

We jumped. Someone was out in the hall! I hoped whoever it was hadn't listened in on our conversation.

I raced to the door. "Oh, hi." It was Stan. Frantically, I motioned for Andie to hide.

"Dad's calling a family meeting in a half hour," Stan said, looking quite serious. Then he leaned forward and asked quietly, "Is Andie here? Thought I heard her voice."

"Were you listening?" I asked, horrified.

"Not really," he said. By the mellow, sad sort of look on his face, I knew he was telling the truth. "I just wanted to talk to her before she leaves."

"Hold on a sec," I said, closing the door. I went to the closet and found Andie hiding there. "Hear that? Stan wants to talk to you. Maybe it's true love after all."

"In your wildest dreams," she muttered, pushing my clothes back and emerging from the closet.

I put my ear against the door, eavesdropping as they talked in the hall. Stan said something about driving Andie home. And, in a flash, she agreed to it.

Oh, sure, Andie could say all she wanted against the boy-girl thing, but when it came right down to it, she liked Stan as much as I liked Jared.

6

When Stan returned from taking Andie home, Mom rang her dinner bell. It was a dainty white Precious Moments bell, a wedding gift from a friend at the law firm where she used to work.

"Family meeting," Uncle Jack called to us.

The sound of kids scurrying from one end of the house to the other reminded me of an old *Brady Bunch* rerun. But their "blended family" seemed to run much better than ours. After all, Mike Brady had never threatened to move *his* family to another city.

My stomach twisted in knots as I trudged into the living room and sat down. I glanced nervously at Uncle Jack. For the first time since his and Mom's wedding, I wished he had never fallen in love with my mother. Our cozy all-girl household had been just fine before he came along.

Phil and Mark came marching up from the family room, scowling. Had to abandon their computer games, no doubt. Carrie and Stephie carried American Girl doll cutouts into the living room. Stan sprawled onto the sofa. He folded his arms on his chest as a dimwitted smile played across his face. I couldn't help wondering: Had the drive to Andie's changed things between them?

The younger kids horsed around while we waited for Mom to show up. Where was she, anyway? I groaned inside. Uncle Jack balanced a Bible and a family devotional on his knee. He seemed a bit nervous, too.

Finally, when I thought I'd burst with the buildup of suspense, Mom appeared. Stan moved his legs and sat up, making room for her on the sofa.

"Well," Uncle Jack started, "are all of us present now?"

We nodded.

He leaned back in his chair, looking at each of us as he spoke. "This has been a whirlwind week for your mother and me. As you all know, Patterson Consulting is simply bursting its seams." He paused, smiling at Mom across the room.

"So we're *moving?*" I snarled.

"Holly!" Mom said. "Please be polite about this."

"Tell your husband that," I shot back.

Mom gasped. Uncle Jack leaned forward, trying to smile cheerfully. "We need to work together on this, Holly. I know how you feel, dear."

Dear?

"Don't call me your sweet names," I shouted.

Over in the corner, Carrie almost lost it. Her eyes bugged out, and she put a hand over her mouth in shock. She'd never seen me freak out with an adult like this.

"Can we talk about this privately?" Uncle Jack said quietly.

I was burning inside, but from the look on Mom's face, I knew if I opened my mouth one more time, I'd be sorry later. Very sorry! So I put my head down, refusing to look at my horrible uncle-turned-stepfather.

Uncle Jack continued as if nothing had happened, telling us a few more details about the business expansion. Then he prayed. "Dear Lord, we ask for your help with our plans. We seek your direction and ask for a clear-cut decision tomorrow night. Be with the children if there is to be a move, I pray. Comfort Holly, especially, as she struggles with the idea of moving. I ask these things in your name. Amen."

What right did he have mentioning my name in our family prayer? It made me angrier than ever.

"Now," he said, turning the pages of the Bible. "I want to read chapter thirteen of the book of Numbers, where Moses sends spies out to Canaan to check out the land. My trips to Denver are a lot like spying, you know."

"Really, Daddy?" Stephie said. "Are we spies?"

Mom and Uncle Jack laughed. I slumped in my chair, sulking.

"Denver is a big place to spy on," Phil joked.

Mark started in with his alien face repertoire.

Uncle Jack snapped his fingers. "Let's have your encore later, son," he stated flatly. That meant to cool it. No questions asked.

Uncle Jack read about Caleb and Joshua and their investigation of the Promised Land. I imagined the eight of us eating wild honey, one of the foods the spies had found. Ick! It made me despise Denver more than ever.

♥   ♥   ♥

The next morning I awakened to the sound of the wind's voice, low in my ear. It moaned and whistled in the eaves and through the aspen trees in our back-yard. Glancing at my clock, I realized it was very early. There was still plenty of time to lie awake, leisurely stretching, cuddling with Goofey.

Then I remembered—snow! I leaped from the cozy warmth of my bed and flung wide the curtains at my window seat to check. I stared down at the ground. Two inches, max.

Disappointed, I dragged back to bed. *So much for the storm of the decade,* I thought as I snuggled against

Goofey's warm fur. A blizzard, made-to-order, would have been nice. Really fabulous. All of us home together, snowbound. Maybe Uncle Jack's important phone call would come early, before tonight. And I could celebrate if the answer was no. I shuddered to think about it being the other way around, so I quickly shoved that thought away.

Mom had us bundle up to go to school. Even though it had stopped snowing, the forecast was for severe wind and sub-zero temps.

Stephie, Carrie, Mark, and Phil clumped off to the elementary school two blocks away, clad in snow boots and heavy jackets. The girls wore their new earmuffs and mittens to match; the boys had on their new ski hats. Some of this year's Christmas presents.

I hurried down the street to the mailbox and pushed my letter to Sean Hamilton inside. Then I waited for the bus with Stan. I was dying to ask him about Andie, but decided to wait. Andie would be more than delighted to fill me in at school.

Not only could I see my breath as we waited, but it sort of hung in midair, turning to tiny ice crystals when I exhaled.

"Well," Stan said, his nose cherry red, "tonight's the night."

"Yeah." I turned my back against the wind. "I'd give anything if we didn't have to move."

"Maybe we'll return to Dressel Hills someday," he offered. He was only trying to make me feel better.

"I hope we don't have to leave at all."

"That's not too realistic by the sound of things," he said. "Don't get me wrong, Dad's not trying to mess up things here with you and Mom and Carrie."

"Could've fooled me," I whispered. I glanced at my watch. "The bus is late."

"Five minutes," he said.

Five seconds in this blustery cold and fierce wind was way too long.

"What time is the phone call expected tonight?" I asked.

"Seven-thirty." He turned toward me, shielding me from the wind blasts.

I wrinkled my runny nose, numb from the cold, trying my best not to sniffle. "I want to be right there when the decision comes."

"Well, don't hold your breath," he said.

I nodded, not wanting to open my mouth to speak again. My lips felt funny—like they were numb and nearly nonexistent.

"Here comes the bus," Stan said.

We huddled together, eager for the warmth of the bus.

♥ ♥ ♥

As usual, Andie met me at my locker. "News flash," she announced.

I grinned at her. "Okay, okay, let me guess. You're back with Stan."

"How'd you know?" She eyed me curiously. "Stan?"

"Not a word," I said, struggling with frozen fingers to work my combination.

"So . . . what was your first clue?" Persistent. One of the many grand qualities I would miss about Andie. Depending on what was decided by phone tonight, of course.

I sighed dramatically. "His smile was different. Sort of, you know, sappy."

"Huh?"

"You heard me." And she had, because she began to giggle, quite pleased with herself as she turned to gather her books and notebooks for the first two classes.

"Careful about long-distance romance," I teased, feeding her the same line she'd dished out to me yesterday.

She ignored my comment. "Hey. What happened to our blizzard, anyway?"

"Beats me." I piled my books into my backpack.

"Ladies, ladies," came a familiar voice.

I turned to see Jared. "Hey," I said, grinning.

"Today's our moment of truth," he said, referring to Uncle Jack's phone call. "You doing okay, Holly?" He leaned a little too close. Then he reminded me of Matthew 18:19.

"Thanks, Jared," I said, backing away slightly. "I remembered." In fact, I was banking on those Scriptures.

Jared smiled. "I'll walk you to science."

I felt uneasy as he put his arm around my shoulder.

Andie shot me a strange look. It was a concerned, almost parental look. She wasn't kidding. Jared was getting more possessive by the minute.

I was glad it wasn't too far to my first class. Jared winked, then raced off to his class.

Whew, this is getting heavy, I thought, finding my assigned seat and pondering my situation with Jared.

Slowly, I took out my notebook and pen. Glancing up, I noticed Mr. Ross erasing the board. He turned momentarily to answer a student's question. His balding hair was brushed back from a broad but low forehead. He looked snazzier than usual. As he turned to greet the class, I saw it. A hint of pink on his chin. Squinting, I peered at his face. It was unmistakable. There was a smudge of pale lipstick on Mr. Ross's right cheek!

I wondered if Andie had spotted it, too. I kept watching her, tuning out Mr. Ross's words. Then I saw her shake her head slowly, back and forth, back and forth. It was a secret signal. She'd seen the lipstick, all right. I could almost hear her bursting inside: *Check it out, Holly-Heart,* she was thinking. Mr. Ross got smooched in the teachers' lounge!

Like I always said, love does strange things to people. Instantly I thought of Jared. His feelings for me were getting more and more obvious. Sure, I cared for him, too, but it wasn't like we were grown-up and twenty-two.

Funny, twenty-two was the magic number for me, the perfect age to meet someone, fall in love, and get married. Guess it was all Mom's fault. That's how old she had been when Daddy walked into her life. And she'd told me so after Daddy left, when we sorted through old files. There were letters—tons of them—from Daddy after he and Mom had their first few dates. I was only eight, but I remembered helping her pack them away in a box. That's when she told me the number—twenty-two. I never forgot.

Mr. Ross and *his* love interest, our English teacher, Miss Wannamaker, had passed up the magic number. Way past it. Closer to fifty-two, Mr. Ross was a widower. Miss Wannamaker was an unclaimed treasure—or so Uncle Jack called women who'd never married. I preferred my label. Ladies in waiting. It had such a regal grandness to it.

Around fourth period, it began to snow again. I studied the line of menacing black clouds from my vantage point in the alto section during choir. By sixth hour, things grew dark. The north wind struck, blending the ground and sky together. Whiteout! The air was thick with furious flakes of snow.

"Students, please remain in your classes," came the principal's voice over the intercom. "A severe blizzard warning has been issued for the areas surrounding and including Dressel Hills."

"No kidding," whispered Andie, glancing at the windows.

"It's a little late for warnings, don't you think?" joked Billy Hill, seated in the desk across from me.

I nodded, mesmerized by the swirling whiteness. I'd seen blizzards before, but this . . .

"It's frightening," Andie said, coming over to watch with me.

"How will we get home?" I worried.

"You could get lost in this mess just by heading for the bus stop," she said.

Which was true. I'd read about people trying to walk even a few feet, like to the neighbor's or across the street, who were so blinded by the power of the wind and snow that they would lose their way and freeze to death. I shivered just thinking about it.

The principal's voice came over the intercom again. "Teachers, please report to the office immediately."

Our math teacher excused himself. Most of the kids had piled up against the windows by now, staring out at the roaring white beast.

"What if we have to spend the night at school?" Andie wailed.

"Are you crazy?" Billy said.

"This is the last place I want to spend the night," Andie announced.

"I *have* to get home," I whispered to no one in particular. Had to. My future was hanging by the single thread of a phone call.

In a few minutes, big decisions were made. The principal announced that "no one is to leave the building." It was a semi-state of emergency. Students could make one phone call. Two minutes per call.

I waited in one of the long phone lines, dying to talk to Mom. Four pay phone booths were near the entrance, and several office phones were being used to accommodate students. Standing between Paula and Andie, I agonized over the state of things.

"It's a perfect nightmare," I said, shifting my backpack to my other shoulder.

"Could be worse," Paula said.

"Oh yeah? Like how?" I said.

Andie began reciting a list of horrible things off the top of her head. "We could be buried in an avalanche, or stuck eating leftovers for a week, or . . ."

I stopped her just as Danny Myers came by. "Time to count our blessings, girls," he said, grinning. Yep, he'd overheard our conversation. "It's just a Colorado blizzard—probably won't last past supper."

"Past supper?" I wailed, thinking of Uncle Jack's life-altering phone call.

"My dad has a snowmobile," Paula said, grinning. "He'll come bail us out after the storm."

"Good idea," Danny said. "After you, I get first dibs on a ride."

We all laughed. Paula had gotten our minds off the worst-case scenario: an all-school sleepover.

The line for the phones inched forward. I was five kids away when Mr. Ross, our science teacher, made an announcement from the front of the line. "Sorry, kids, we'll have to try later. Phones are out. This storm is a big one."

Kids groaned as they broke up and headed for the corridor of lockers. Paula, Andie, and I pushed through the mob of students in front and behind us.

"What's the rush?" Paula asked. "We aren't going anywhere, at least not for a while."

"Yeah," Andie said. "We're stuck at school. What a kick."

"Trapped is more like it," I muttered.

As we strolled to our lockers, another voice came over the speakers. It was Miss Wannamaker, our beloved English teacher. "Students of Dressel Hills Junior High, meet me in the auditorium for an assembly in five minutes," she said. There was a strange, almost gleeful sound to her voice.

I got rid of my books and trooped off to the girls' rest room with Paula and Andie. "Sounds like Miss W's got something planned," I said.

"Leave it to her," Andie moaned. "I wanna go home."

"Me too." I yanked a brush out of my purse.

Paula stepped up to the mirror, primping.

"You look so good," I complimented her. And she did, now that she was minus the cat eyes—heavy black eyeliner.

"Guess who's experimenting with the natural look?" Paula said.

"I noticed," I said, referring to her twin, Kayla. "Where is she today, by the way?"

"Sore throat," Paula said.

"At least she's home. Lucky for her," I muttered. "C'mon, let's see what Miss W's up to." I led my friends out of the rest room and into the deserted hallway.

Andie, Paula, and I shuffled into the auditorium, claiming three seats together. The period bell rang—end of sixth hour. School was as good as over. Now, what about getting home?

"Dear students," Miss W began the assembly. Her trademark. She started each class the same way, like a spoken letter. "It is an unusual situation we find ourselves in this afternoon. And we may as well make the best of it." She stood tall and plump, smiling at the audience. "You shouldn't worry. I will not be assigning essays titled, 'The Day I Stayed at School for Supper.' "

The kids cheered. Some applauded.

"Nor will I discuss the great blizzards of ancient literature," she joked.

I chuckled at her approach. She was really something. By now she had each of us in the palm of her hand.

"I will, however, propose an interesting activity," she said. "But first I need five volunteers."

Hands shot up around the auditorium. Miss W was an obvious favorite with students.

Andie was one of the kids chosen to go up on the stage.

"Now then," Miss W addressed the audience as five students paraded toward her, "we will play a game involving the entire school."

Charades. The entire student body divided into five large groups. Not so difficult, because lots of kids were at home with sore throats and flu.

Miss W met with each of the five students. She told them to pick a favorite food and act it out.

Paula and I joined the group that guessed Andie's imitation. For starters, she got down on the floor and slithered like a snake.

Someone called out, "Noodles!"

Next, Andie rolled into a ball and tumbled across the stage.

I called out, "Spaghetti and meatballs!"

Andie grinned. "That's right."

One by one, the other kids did their food routines. Soon Miss W asked for a new batch of charades contestants. I raised my hand, and Miss W motioned me onstage.

"This time, I will ask you to act out your *least* favorite food."

I glanced over my shoulder at Jared, Danny, and my other friends. Surely I could act out the charade so that *my* group would guess my ikiest food.

For some bizarre reason, the thought of honey stuck in my brain. It was one of the foods Joshua's spies had discovered in the Promised Land. I guess I paralleled their trip to Canaan with our possible move to Denver. Right now, for me, honey was the most hideous food I could think of. But how to act it out?

I started by lumbering across the stage like an old mama bear. Sniffing, I reared up on my hind legs, as if I'd found honey high in a tree. I scooped the sticky stuff from the tree with one paw, stretching it out like a rubber band. Then, *plop*, I dropped the wad of imaginary honey into my hungry jaws.

Jared called out, "Taffy!"

Miss W shook her head.

"Chocolate syrup," Andie guessed.

"Foods we *hate*," Miss W reminded my group.

Danny Myers' voice was strong and clear. "It's honey," he said. "Holly is honey."

Our group clapped and cheered. Some of the guys

whistled. And when I got back to my seat, Andie whispered, "I think Danny said, 'Holly is *a* honey.'"

I gasped, dropping my jaw.

She grinned at me. There was a mischievous light in her brown eyes. "He's stuck on you, Holly. Get it? Stuck?"

"No, he's *sweet* on her," Paula insisted, laughing.

I'd almost forgotten our dilemma. Here we were laughing, playing charades, while prisoners in our own school.

I checked my watch. Almost three o'clock. Four and a half hours before Uncle Jack would have some word if we were moving.

"Holly," Andie said, pulling on my sleeve. "Listen to this!"

Miss W was saying something about spaghetti. She and Mr. Ross were going to cook up a supper the kids would never forget. Right here at school.

"Don't forget," I said, poking Andie and Paula, "Miss W and Mr. Ross catered my mom's wedding reception. They're excellent cooks."

Just then Mr. Ross strolled onto the stage. He took Miss W by the hand—in front of the whole school. At first, I thought he was going to kneel down and propose marriage.

He began by saying, "All of you will be hearing about this sooner or later."

"What's he gonna say?" Andie whispered.

"Just watch," I said, eager to know.

"Your lovely English teacher is soon to become the bride of this old man," Mr. Ross boldly announced.

Most of us jumped to our feet, cheering. It was the announcement I'd been waiting for. Amid wild applause, Mr. Ross displayed the sparkling diamond on Miss W's plump white hand.

More cheers of delight filled the auditorium. But a wave of sadness swept over me. How could I ever say good-bye to this school? To these dear people?

Without a word to Andie, I slipped into the aisle, heading for the hallway. The school secretary was locking up the principal's office.

"Are the phones working yet?" I asked.

She shook her head. "I'm afraid not."

Disappointed, I glanced toward the main entrance. Wind rattled the doors. Whistling through the cracks, it created an eerie sound. And outside the snow continued to fall, wrapping our town in its layers of white fury.

8

While Mr. Ross and Miss W did their culinary thing in the school cafeteria, the rest of the student body, about a hundred and fifty or so of us, were assigned to various places in the building. Like the music room and the library.

Andie chose the choir room to practice the piano, while Paula and I headed for the library. Paula worked on homework. I started writing a short story titled, "Good-Bye Whispers."

GOOD-BYE WHISPERS
by Holly Meredith

"Can it be?" asked Brett.

"It's true," said Roxanne. "We're moving and I know it's lousy for you . . . for me, too."

Brett shook his head, deep in thought. "But you're my life, my love."

Roxanne put her fingers to his lips. "Don't say another word, my darling."

I stopped for a moment, thinking about the plot and what should come next. Doodling, I wrote Sean Hamilton's name sideways in the margin. One week from today he'd be here skiing. Spending the day with me. I added curlicues around his name. It was hard to push away such excitement. Then I reminded myself we were just friends and marked out his name with an X.

Paula went to look for a book in the reference section. That's when it happened. Someone touched the top of my head.

I turned around and there was Jared, his bold, yet wistful eyes watching me dreamily.

My cheeks flamed with embarrassment. "What are you doing?" I asked.

"Just saying hi to my girl," he said.

I felt uncomfortable, even with the many students studying around us. At desks, in chairs.

I moved my backpack off the chair next to me, and he sat down. "Whatcha studying?" he asked, glancing at the beginning of my story.

"Nothing, really," I said, twirling my pencil. "Just starting another story."

A strange look crept into his eyes as he stared at my writing pad. "Who's Sean Hamilton?"

Yikes! He'd seen the name in the margin.

Jared slipped his hand through mine, leaned over, and slowly pushed our hands together so that his pointer finger touched the name, Sean Hamilton, crossed out in the margin of my story. "Is he fact or fiction?"

Nervously, I cleared my throat. "He's just some boy I met last Christmas."

Jared's eyes registered jealousy. He let go of my hand and poked at the name on my tablet. "What's this about?"

"It's no big deal."

"Are you going to tell me about him or not?" Jared asked.

By now, everyone around us was aware of the conversation. Jared's voice had inched up in volume with every sentence.

I wanted to crawl under the table. No, better yet, under the giant snowdrift outside the library window.

"Jared, please, not here," I whispered, glancing around.

He stood up abruptly and pulled me with him toward the hallway.

"We're not supposed to be out here," I said.

"Then you name the place," he said.

The only unpopulated place I could think of was the auditorium. I felt jittery as we headed there. "Jared, you're overreacting," I said as we settled into two seats near the stage.

Jared's eyes narrowed. "I think you'd better start at the beginning of this Sean thing."

"He's a friend of my dad's," I said. "I hardly know him."

"But you were thinking about him back there," he insisted.

"Only because he's coming with my dad to ski next weekend," I blurted without thinking.

"Oh . . . so that's it." Jared stood up, walking around with his hands smashed in his jeans pockets. He was scrutinizing me, making me feel guilty. Actually rotten.

I leaped out of my seat. "I've done nothing wrong!"

Jared's eyes bored into me. "Has Sean been writing to you?"

"And what if he has?" I shot back.

"Does he know about . . . you and me?"

Out of nowhere came the urge to slap him. For the pat on the head in the library. For his accusations. "It's none of your business," I snapped. "You don't own me."

"Is that how you feel?" He put his foot on the seat, leaning on his knee as he glared down at me.

Jared's frown, his words, made me even more angry. "I don't know *how* I feel right now," I said, sitting down again. "But I know one thing for sure." I took a deep breath. "It's too much. You and me . . . we're . . . way too exclusive."

Slowly, Jared sat in front of me, leaning over the seat. His face softened as the frown disappeared. Then he reached for my hand. "What are you saying, Holly-Heart? That it's wrong to like only one person?"

I stared down at our hands, laced together—warm, secure—like our relationship was supposed to be. "We're too young," I said, fighting back the tears.

"Love doesn't know age barriers," he said. "Look at Mr. Ross and Miss W."

I should have known he'd use them. "Honestly, Jared, would you believe me if I said I want to be friends with lots of boys, including you?"

"Why don't you just say it, Holly," he said, minus the Heart. I could sense him backing off again. And not just because he pulled his hand away. "It's about leaving, isn't it? You want out because you don't think it'll work if you're in Denver."

"Even if we weren't moving, it might be a good idea to cool it and just be friends," I said, avoiding his eyes, trying to be gentle about this.

He slammed his fist against the back of the seat. "Because of Sean? Or because you want to meet new people—big-city guys?"

I shook my head. "No, it's because of me."

"Well, consider it done," he said in a mocking sort of way.

I looked up at him, shocked.

"I really don't know how I feel about being friends with you anymore, Holly," he continued. "And don't expect me to follow that no-flirting rule of yours anymore." With that, he left me sitting alone in the semidarkness while the storm howled outside.

It was howling inside, too.

Crushed. That's what I was. Totally and completely crushed. "Will the real Jared Wilkins please stand up," I whispered.

I sat quietly, pondering the events of the week. "*I don't ever want to lose our friendship*," Jared had told me. His plans about driving to Denver when he got his license, and calling me long-distance still rang in my ears. So much for our prayer pact and Matthew 18:19.

My heart beat a zillion miles an hour. But my tears had dried up. Angry and hurt, I ran to the solace of the girls' rest room.

9

I was washing my hands when Paula burst into the girls' bathroom. "There you are," she said, out of breath. "I've been trying to track you down."

"Jared and I needed to talk." I filled her in on the latest details of the Holly-Jared thing.

"Oh, wow, I'm sorry to hear that," she said, coming over to lean on one of the sinks. "I'm surprised Jared turned on you."

I pulled two paper towels out of the dispenser. "People say and do weird things when they're angry," I said, pushing the rumpled-up towels into the trash. "Besides, going with only one guy when you're fourteen . . . I don't know . . . my dad says it just doesn't make sense."

Paula nodded, touching up her shoulder-length hair. "Fourteen going on twenty-six, my mother says. But she explains it like this: From the time we're attracted to men—whether they're ten or twenty—

until we marry our life mate, females are more inclined to want special friendships with only one male at a time. It's one of the things God did when He created Eve."

I smiled at my reflection. Paula had a way of expressing herself like no other.

"That's exactly how I felt about Danny, and then Jared. But now," I paused, pulling my compact out of my purse. "Now it seems like it was a mistake not to be friends with everyone, you know?"

"Lots of boys play the field," she said. "Maybe we should do it, too. Breaking up is too hard."

"Especially when you've been together as long as Jared and I."

Just then, Andie flew into the rest room. "Holly!" she called, running over to me. "Are you okay?" She flung her arms around me.

"I've had better days," I mumbled.

"You poor baby."

"I'm okay, really," I said. "It's Jared who's got a problem."

"I know." She flung her purse on the shelf above the sink. "He's not being too cool about this," she informed me. "He just told Stan and Billy you two broke up."

"He did . . . already?" I said, amazed.

Andie sighed. "Jared's such a macho male machine, in case you'd forgotten. Now brace yourself for this, okay?" She held on to my shoulders, looking into my eyes.

"I can almost hear it now," I scoffed.

"Jared's taking the credit for breaking up with you, like it's some big deal for him. But let me guess—you were the one who got this whole thing started, right?"

As usual, she was right on track. I nodded. "If that's the way he wants to play this game, let him," I said, resigned to whatever happened. It wasn't easy dealing with this kind of craziness when you were trapped at school.

"Supper is served," came Miss W's voice over the loudspeaker.

"Chow time!" Andie grabbed my arm and guided me into the hall. She instructed Paula to walk on the other side of me so Jared could see we were a unified force. "He's not gonna mess with your head anymore," Andie said, leading me to the cafeteria.

Andie was like that. She liked to take charge of things, especially when I was hurt. Maybe because she was the oldest in her family. Her twin brothers—at age three—were so much younger.

Stan came into the lunchroom and got in line with Andie. He glanced out the windows at the vicious, swirling storm. "Tennis, anyone?" he joked.

Andie laughed.

"Has anyone heard the weather report?" I asked. "Sure would be nice to know when this blizzard will be over." I wondered what Mom and Uncle Jack were doing at home. Were they getting calls, or was *our* phone line dead, too?

Stan reached for a tray and handed it to Andie. "I heard Mr. Ross tell another teacher that the elementary schools closed at noon because of the severe windchill factor."

"That's good," I said, relieved that at least the rest of my family was home, safe and snug.

The cafeteria was a sight to behold. There were candles burning in glass holders on each table. And somewhere, they'd found plastic yellow daffodils for the centerpieces.

"Let's sit over there," Andie said, pointing to a table for four. Miles away from our usual spot. Paula and I followed Stan and Andie as they led the way.

I tried not to pay attention to Jared sitting with Danny and Billy across the cafeteria from us. Amy-Liz and her friends Joy and Shauna were eating with them, too. I didn't mind that the girls were there. It was their laughter that bugged me. Especially Jared's.

The spaghetti was great, and all of us concluded that Mr. Ross and Miss W were a good culinary team. When they got ready to retire from teaching, they could make extra money cooking for snowbound students.

Halfway through dessert, the principal made an announcement about phones being available for calls. "Students who have not had a chance to make a call may come to the office now," he said.

I looked across the cozy table at Stan. "Want to call home?" I asked.

He shrugged. "It's more important for you to find out what's happening. Go ahead." He was referring to Uncle Jack's phone appointment.

I glanced at my watch. Six-thirty. "It's still a bit early," I said. "What if the call hasn't come yet?"

"Then I'll call back later," Stan offered. "That way we'll know what happened with the move for sure."

"Thanks," I said, excusing myself.

Just as I got up, the lights went out. The kids *ooh*ed softly. I reached for the glass candle holder on our table. "Mind if I borrow this?"

Andie grinned up at Stan. "We can see just fine, can't we?"

Oh, puhleeze, I thought.

Paula looked uncomfortable sharing a table with the lovebirds. I understood how she must feel. Especially since I kept hearing Jared's voice—and Amy-Liz's—drifting across the cafeteria.

"Come with me," I invited Paula.

She jumped up from the table. "Looks as though Andie and your cousin want some time alone," she whispered.

"No kidding," I joked.

We made our way by candlelight down the hall to the office phones. Only a few kids were in line ahead of us. Because there were fewer students this time, Mr. Ross allowed longer conversations than before. The office shone with soft candlelight. Three teachers stood around talking.

"Wouldn't you hate to monitor phone calls for a living?" Paula whispered behind me.

"Actually, I feel sorry for them," I said. "This has got to be every teacher's worst nightmare—stuck overnight in school with a bunch of kids."

"I wonder where we'll sleep," she said.

"Maybe we won't," I joked.

Mr. Ross paced nervously as each student talked on the phone. His eyes looked strained. He'd removed his sweater hours before, and the sleeves of his blue dress shirt were rolled up to the elbows. I could almost picture him stirring noodles in a deep pot of boiling water, with Miss W by his side. "Next," he called out as a girl hung up the phone.

Two more to go, I thought, dying for news about Uncle Jack's decision. Surely the phone lines hadn't been down all over Dressel Hills. Surely not.

Paula asked Mr. Ross where we'd be sleeping if the blizzard didn't let up soon.

"We'll give the ladies the library since it's carpeted. How's that?" He smiled broadly. "Miss Wannamaker and Miss Hess will monitor the girls' side of the building. Lights-out will be ten-thirty." He said it as though he wished that were only a few minutes from now.

Paula flashed her perfect smile. "Bookworms unite," she said. "We'll have plenty to keep us occupied, if the electricity comes back on, that is."

"We sure hope so," Mr. Ross said. "We might easily run out of candles."

Finally I held the phone receiver in my hand. I punched in my phone number. Busy. Quickly, I redialed. Still busy.

"I'll try again later," I told Mr. Ross, who was back to pacing.

Paula dialed her number next. Her line was busy, too. We stepped out of line and let the student behind us go next.

"Maybe my dad's talking to your uncle," Paula said. "Maybe they know something already." She offered a comforting smile. Like she knew exactly what I was feeling.

Jared and Billy passed us in the hall, still joking around. I turned away. It hurt seeing Jared so jovial and carefree after what happened to us today. *Was he happier without me?*

When it was my turn again, I dialed my phone number. Again the line was busy.

Paula dialed next. She nodded her head, signaling she'd gotten through. "Hi, Mom. I'm still at school. We're stranded here, but I guess you knew that." She paused. "How's Kayla?" Then she asked about the storm.

A longer pause ensued as Paula listened to her mom chatter, no doubt.

"I miss you, too," she said at last.

Suddenly I had an idea. "Ask your mom if she's heard anything from Uncle Jack," I whispered.

Paula nodded. "Holly's here with me, and she's trying to get through to her house, but the line's always busy. Have you heard any news about the Denver move?"

I held my breath as seconds ticked by.

"Okay, thanks, Mom," she said at last. "I'll tell her." When she hung up, she turned to me. "Let's take a walk, Holly."

I held our little candle, and we headed in the opposite direction of Jared and company—toward the library.

"What did your mom say?" I asked as the candle made leapfrog shadows on the walls.

"Evidently, it's been decided," she said, facing me. "I'm sorry to have to tell you this, Holly. But you're leaving Dressel Hills before school's out."

That soon?

My heart sank.

I stopped in the middle of the hall, still holding the candle. "This can't be happening!" I wailed.

Paula touched my arm. "I know," she said, fighting back the tears.

Someone came running up behind us. I hoped it wasn't Jared. He was the last person I wanted to see.

Turning around, I looked into Andie's face. "What's going on?" she asked.

That's when I buried my face in her shoulder. Paula took the candle holder from me and filled Andie in. Soon Paula's arms were around both Andie and me. And there we stood in the middle of the hall-way, three best friends on the brink of separation—stuck in a blizzard, without electricity, and facing spaghetti leftovers for breakfast.

Sobbing like orphans, we stumbled to the girls' rest room, and once again I washed my tear-streaked face.

Andie couldn't stop crying. Probably because she was losing her best friend *and* her boyfriend. "Someone's got to tell Stan," she muttered, blowing her nose.

"He'll know when he sees our faces," I said, attempting to repair my makeup by candlelight.

"He already said there's no reason for us to call it quits," Andie said. "He'll write me by email, and there will always be plenty of skiing trips."

"But you two split up before," I said. "Are you sure it won't happen again?"

"We talked things out," Andie said confidently, blowing her nose. "We're fine now."

She sounded so sure of herself. Made me wonder if I'd been too hasty with Jared. Then I remembered his behavior—how he'd sneered at me, pounding his fist, stomping around. Did I really want to be friends with someone like that?

Miss Hess, our choir director, came into the bathroom just then. "Are you girls all right?"

Andie nodded solemnly.

Miss Hess looked at me. "Holly, are you?"

That's when I filled her in on my latest tragedy.

"I'm very sorry to hear this," she said. "I had hoped to see all you girls trying out for the female roles in our spring musical."

I sighed. "Me too."

Then Andie had an incredible idea. "Maybe Holly could stay with me till school's out."

"Really?" Paula was excited about it, too.

"Fabulous," I said. It was the best idea I'd heard all week. But could I get Mom and Uncle Jack to agree?

We followed Miss Hess to the library, where most of the girls had already gathered. Flickering candles on tabletops gave the place a charming, almost Victorian look. The smell of books, coupled with the brightness of white and wind outdoors, created a cozy atmosphere. I started to calm down. *After all, we haven't moved yet,* I thought. *Things could still change.*

Miss W and Miss Hess sat down with us and began to give instructions. "Think of this as an all-school sleepover," Miss Hess began.

We chuckled. In a strange sort of way, it was a comforting thought. A much better way to look at things. Better than being forced to stay at school.

"There will be an assembly at seven o'clock tonight," Miss W said. "After which we will divide the school with an imaginary boundary line. The hall just north of the office will be off limits to girls. And the hall running past the library is off limits to the guys."

Andie raised her hand. "What if the storm stops before then?"

Miss W glanced at the window behind her. "At this point in the storm, even if the wind and snow do die out, we would still have to wait several hours before the city could begin snow removal."

"Why don't we make the best of this time together?" Miss Hess said, smoothing her jean skirt. "Let's use it as a chance to get to know one another better." She leaned over and removed her calf-high boots. "I don't know about you, but my feet are killing me."

Several girls removed their shoes, from tall, city-style boots to hiking-type boots. The atmosphere was peppered with conversation and laughter.

I looked on either side of me. Andie and Paula—my dear friends. What a fabulous way to spend one of our last nights together. In an odd sort of way, it was fitting that we were together like this, surrounded by zillions of school friends from grade-school days.

Joy and Shauna joined us as Mr. Ross peeked his head into the library. "The city is working to get electricity restored as soon as possible," he said.

Cheers went up all around. I didn't clap, though. There was something terribly special about sitting in a beautiful library, candles glowing.

Miss W began talking again. "Girls, we'll have some free time here before going to the assembly, that is, if the electricity is turned on in time."

The doors opened suddenly and in marched Amy-Liz. She turned to say good-bye to someone in the hall. I knew it was Jared. I shut out the image by staring into the candle beside me. Jared was already back to his old ways. Why was I not surprised?

Amy-Liz worked her way through the maze of girls

toward us. Sitting down, she handed me a note. "Here, Holly," she said. "It's from Jared."

"Give me that," Andie said, snatching it out of her hand. "Can't you see Holly's been through enough?" She began unfolding the letter.

"Wait," Amy-Liz intervened. "It's private stuff. And," she said, looking at me, "I think Holly oughta hear him out."

Andie got huffy in my defense. "What are you doing hanging out with Jared?" She turned her insufferable stare-lock on Amy-Liz.

Paula nodded. "Jared's not as trustworthy as you think."

Amy-Liz's face lit up like the candle flame on the table. "I think if you give Holly the letter, she'll understand."

Paula's eyebrows shot up. "How do *you* know what Jared wrote?"

"I . . . uh . . . he needed a friend," she said, turning to me. "Just like he needs you to read this, Holly. Read it," she urged. "Somewhere private."

Andie began to sound like my mother again. "Can you promise me this won't upset Holly?" she demanded.

"How should *I* know?" said Amy-Liz.

Reluctantly, Andie handed the letter to me. I took it from her, my heart in my throat.

11

I abandoned Andie and Paula and the rest of the girls, searching for a quiet corner in the library. Settling into a comfortable chair, I opened Jared's letter. Slowly, I began to read by candlelight.

> *Dear Holly,*
>
> *I can't believe what you did to us today. Bottom line—you'll never find a guy better for you than me. And after that ridiculous thirty-day scrutiny test you put me through. Let's face it, I'm ticked.*
>
> *We were great friends—you'll have to agree. It doesn't have to end like this. Think it through. I won't wait forever for your reply.*
>
> *—Jared*

All I could do was stare at the letter. Who did he think he was? Part of me wanted to strangle him. And the other part . . . Well, I didn't know what to think.

I knew one thing for sure, Jared had treated me

horribly this afternoon and again in this letter. The fact that he wanted me to overlook it—as though nothing had happened—smacked of pride. No surprise there. Jared had always been full of himself. I couldn't allow him just to write me a guilt-letter and decide it would take care of everything between us. Everything was not sweet and mushy again—no sir-ee!

Glancing at the letter again, my first reaction was to rip it to shreds. Jared had behaved like a perfect oaf tonight at supper, laughing loudly and flirting with Amy-Liz, who happened to be the cutest soprano in the school choir. She was also the same girl Andie and I caught him playing footsie with last year on choir tour.

"Psst, Holly!"

I looked up. It was Andie. "You okay?"

"Not really." I stood up, folding the letter.

"What's Jared trying to pull now?"

"His usual." I handed it to her. "See for yourself."

"Man, what a jerk," she said, handing the letter back after reading it. "What are you gonna do?"

"I've got an idea. I'll tell you later."

We joined the other girls while Miss W got ready to do her storytelling routine. I stuffed the letter into my back pocket. "What happened with the assembly?"

"No lights," Andie said. "I think teachers want to keep kids from pairing off in the dark . . . you know."

"Yeah," I muttered, my mind on Jared's note. And on the raging storm outside. I shivered. "It's really cold in here."

"Go get your jacket," she suggested. "Only wait'll you hear what you have to do to get permission to leave the library." She snickered. Evidently, she'd eavesdropped on Miss W and Miss Hess. We sat on the floor, waiting for Miss W to do a final head count.

Still in her stocking feet, Miss Hess closed the library doors. "If you must leave the area to use the rest rooms or the phones," she said, "please sign one of these index cards." First she held a yellow-lined card up for all to see, then placed it on the pile on the desk. "Any questions?"

"They don't trust us," Amy-Liz whispered, grinning.

I bit my tongue. *Look who's talking!*

♥   ♥   ♥

After several well-presented tales by Miss W, we were given one hour of free time. For some of the girls that was tough. After all, what can you do in a school library with no electricity and candlewicks burning down to nothing fast?

No problem here. I had plenty to keep me busy sitting in the dark. First, I had to devise a plan—how to respond to Jared. I could almost envision the letter, no, the limerick, I would write.

I headed to the desk where the stack of index cards were kept. Miss W sat beside the desk looking fairly wiped out.

"May I please have a pass to get some paper out of my locker?" I fidgeted with the index cards.

"The eighth-grade lockers are on the opposite side of the boundary," she said. "It's off limits to girls."

"I'll be back in two minutes," I pleaded. "I promise."

She glanced at her watch, then looking up at me, she smiled. "For you, Holly, I'll allow it. Be back in two minutes."

I dashed out of the library and down the dark hallway. Feeling my way along the row of lockers, I discovered the futility of locating mine.

A faint glimmer came from the end of the hall. Rushing to investigate, I realized just how cold the school building had become. If only I could find my locker and get it open, I would have paper as well as my jacket.

Nearing the end of the hall, I discovered an array of communal candles and holders lying on the floor. Some were lit, some weren't.

I had to hurry. More than two minutes had passed! Miss Hess and Miss W would be sending out a search party any minute now. I lit a single candle off one of the others and, shielding the flame, I made my way down the dark corridor—locker hunting.

Finally I found mine. Balancing the candle in one hand, I spun my combination. Grabbing my notebook and jacket, I slammed the locker door. And just like that, the lights flickered on.

"Wow! I should've tried this earlier," I joked to myself. Blowing out the candle, I raced back to the library.

Miss W seemed delighted to see me. "Look," she said, pointing to the girls lined up near the windows. "The stars are coming out."

I ran to the windows and cupped my hands on the frosty pane. Monstrous drifts were everywhere, but the snow had stopped. I exhaled, leaving a ring of moisture on the glass. The blizzard of the decade had come and gone. So had my first stormy bout with Jared Wilkins. Except the winds of war were still blowing. And one pathetic letter from Jared wasn't going to stop anything.

Finding Andie and Paula, I whispered my plan to write a limerick in response to Jared's letter.

"How cool," Andie said.

"Want some assistance?" Paula asked.

"Perfect," I said, searching for a quiet table for three.

When we sat down, Paula and Andie announced their plans to throw a going-away party for me.

"It'll be one you'll never forget," Andie said.

"I'm afraid of that," I said, laughing.

"We're going to make the next few weeks count for a lifetime," Andie said, grabbing my elbow. "You'll see."

It was obvious she was trying to be brave. She didn't mention anything about my staying with her till school was out, like before. But we could make those kinds of plans tomorrow or the next day. After all, I'd have to get Mom and Uncle Jack to agree. Besides, the way Jared was acting, maybe several more weeks was long enough to hang around here.

I gave Paula and Andie a piece of paper. "Write a list of words that rhyme with Jared," I said.

A broad grin spread across Andie's face. "I've got one." She wrote the word, passing it across the table to Paula and me. We burst into giggles.

"It's fabulous!" I said, starting to write the limerick.

There once was a boy named Jared,
Whom everyone knew was an airhead.

I read it to them softly. "What do you think?"

Andie and Paula were in stitches. "You should do this for a living," Paula said.

Andie was laughing so hard she couldn't speak.

"Now for the middle part," I said. "Think of all the words that rhyme with *pride.*"

Paula started her list. Andie wiped the laughter tears from her eyes, while I made my own list of words starting at the top of the alphabet. *Bride, cried, denied, dried, eyed, fried, hide, lied.*

Halfway through the alphabet I stopped. Now Paula was giggling so hard she could barely write. "Is this too much for you or what?" I laughed.

Paula nodded. "You should talk to the editor of the school paper. I hear they could use some help."

"But I'm moving, remember?" I said.

Sad recognition flitted across Paula's face. "I'm sorry, Holly."

When Andie and Paula were finished, we pooled our talents and finished the limerick.

There once was a boy named Jared,
Whom everyone knew was an airhead.
His problem was pride,
"Forgiveness—denied,"
Said Holly, who just could not bear it!

"It may be a little rough," I said, "but this will state my point."

"Loud and clear," said Paula.

"Who's gonna deliver it to him?" Andie asked.

"What about you, Paula?" I pulled her up from her chair. "Fill out an index card," I teased. "Then go to the rest room, and on the way back, stick this in Jared's locker."

She read the limerick one more time. Laughing, she folded the paper and hid it in her pants pocket.

Andie and I went to the window, watching streaks of cirrocumulus clouds whip past the moon. She slipped her arm around my shoulder. "I'll never find another friend like you, Holly-Heart," Andie whispered. "Never in the whole world."

"Moving won't change things between us," I said, swallowing the lump in my throat. "I'll live in Dressel Hills again someday. You'll see."

And in my heart, it was the promise of a lifetime.

None of us got much sleep on the carpeted floor of the library that night. At least we had heat. Thank goodness for that. Still, we bundled up in our jackets for blankets.

It was a typical sleepover, only on a larger scale without the amenities of sleeping bags and DVDs. And instead of five or six giggling females, there were eighty-four of us.

At dawn, we woke up to the sound of snowplows and snowblowers. Andie sat up next to me on the floor, rubbing her eyes. "Hallelujah—we're going home! I can't wait to sleep in my own bed."

"Sounds fabulous," I said, thinking about my cozy canopy bed . . . and my beloved window seat. It seemed like weeks since I'd written in my diary.

Paula went with Andie and me to the rest room—nobody needed passes today. Andie peeked around each corner before we proceeded down the hall, making sure Jared or his buddies were nowhere in sight.

In the rest room, I brushed my long hair while Andie groaned at her smashed curls. "I'd give anything to have your hair, Holly."

"I'll give it to you if you'll trade places with me," I teased, referring to the move to Denver.

Andie shot me a sideways glance. "I'd hate living in a big city," she said. And that was the end of that.

We made ourselves as presentable as possible without the miracle of makeup. Then we headed to the office with Paula in the lead. She wanted to call home.

Stan was already waiting in the phone line. He looked a bit disheveled, with oily hair sticking out in places.

"Was your bed as hard as ours?" I asked.

"Worse," he grumbled. "You had carpet, remember?"

I noted the length of the line to use the phones. "Who are you calling?"

"Dad . . . again."

"Then you heard the news?"

"Yeah, I heard." I could see he didn't want to discuss things with Andie standing right there.

So I changed the subject. "Paula says her dad'll bring his snowmobile up to school."

"Good idea," he said. "Only it'll take him several trips to get us all home."

"Are the city buses running yet?" Paula asked.

"Most of the streets are drifted shut, according to the radio," Stan said, pulling out his Walkman. "But the city crews'll be out all day."

"Some blizzard," Andie said.

"And poor timing," I said under my breath.

Stan heard. He shrugged his shoulders, forcing a sad sort of smile at Andie.

♥　♥　♥

By the time Stan and I got home, it was nearly ten o'clock. About the time I usually got up on Saturdays.

Mom threw her arms around us as we came in. Then Uncle Jack hurried down the stairs, looking mighty comfortable in his faded blue jeans and flannel shirt. I, on the other hand, was still unshowered and wearing the same clothes I'd slept in all night.

I held back when Uncle Jack bear-hugged me. He noticed, but he tried to act cool, as though it was nothing. But I had a right to be angry. After all, he'd railroaded his stupid move right through—and while I was stuck overnight at school. It wasn't fair. Not one bit.

"You'll have to record this event for posterity," Mom said, grinning. "I've never heard of being stranded at school all night."

Too tired and overwhelmed to talk, I grumbled a reply.

Mark rolled his eyes, grunting like a gorilla. "Better not happen to me. Oo-o-ga!"

"Go away," I snapped. Everyone was acting like nothing had happened. Like our whole world wasn't about to change.

Stephie jumped up and down when she saw me. "I slept with Goofey for you last night, Holly."

"That's nice," I growled.

Mom frowned at my response. "Come have some hot chocolate to warm you up," she said to Stan and me.

I didn't answer, but I followed reluctantly to the kitchen and sat on a bar stool. Mom filled two mugs with the hot chocolate she'd kept warm on the stove. Stan took his cup and left the room, probably to veg out in front of the TV.

"Why can't we stay in Dressel Hills at least till school's out?" I whined as she handed me the steaming hot drink. Going to Denver was the only thing on my mind.

"I'm not comfortable with that," she said.

I set my cup down on the counter and stared at her. "What's that supposed to mean?"

"Just what I said, Holly." She was equally determined. "We—all of us—are staying together on this."

I had no idea why she was so adamant about

something so illogical. "Where will we live?" I asked.

"Jack's already found several lovely rental houses to choose from," she said. "We'll buy a house later, when we've had a chance to look around."

"What about school?" I wailed.

"The schools should be fine," she explained. "If we aren't happy with the public schools where we live, we can always look into private, or home school till the end of the year."

I blew on my hot chocolate. It sure looked like Mom was calling the shots—right along with her new husband. So much for democracy.

"Well, why on earth do we have to move so soon?" I complained.

Mom sighed, obviously tired of my string of questions. "We have to set the office up immediately," she replied, "or Jack will lose several big accounts."

Mom seemed enthusiastic—and stubborn—about the move. I couldn't figure out why. She had never wanted to live in a big city. That was one of the reasons she and Daddy moved from Pennsylvania to Colorado after they were married.

I didn't tell her I wanted to live with Andie and finish out the school year. But I was dying to.

"It's going to be quite an undertaking getting this house packed," she continued. "Each day we'll do something big. Starting today."

I should have known. When Mom made up her

mind, she pushed forward with all her might to attain her goal.

"After you shower and rest up, you could start sorting through your own closet," she said. "You'll find flattened boxes in the attic." She got up and went to one of the kitchen drawers. Pulling out a roll of packing tape and a scissors, she handed them to me. "The boys'll be around to help if you need it."

I won't cry—I won't, I thought as I trudged up the steps to my room, tape and scissors in hand. This house, and everything in it—well, almost everything—reminded me of Daddy. It had been over five years since he'd left. Still, I loved the memories. The nights he read to us till we fell asleep, the summer evenings we spent swinging on the front porch, the jokes he told around the supper table. All were memories he'd made with us here.

Gathering up clean clothes, I headed for the bathroom. As I showered, I thought of my short time in Dressel Hills. Fourteen years had come and gone. The water beat on my back as I cried. No one could hear my sorrow. No one could see my tears. For the first time in my life, I felt totally alone.

After showering, I headed to my room. With a heavy heart, I stared at everything as if for the last time. My lavender canopy bed. My droopy-eyed teddy bear, snuggled onto the window seat next to a pillow. No room could ever be like this one. None.

I took out my journal, hoping that writing would help me to feel better.

Saturday, March 26—The worst thing happened to me yesterday after school, and it wasn't the blizzard. I found out that Uncle Jack's backup plan flopped. The guy he was trying to get for the Denver office turned down the job. So we're moving to Denver, and Mom's not even trying to do anything to stop it. I can't believe it. I always thought she loved Dressel Hills as much as I do!

More horrendous things: Jared and I are finished. Partly my fault, because I didn't handle things very well and Jared misunderstood. He got real mad and said some horrible things to me. The worst part is he sent a note to me (delivered by none other than Amy-Liz!), and he wants me to think about what happened—like I'm the one who should make the final decision. I really hate this!

I closed my journal. Whether I liked it or not, it was time to get started on packing.

I headed for the walk-in closet in Mom's bedroom. The ladder to the attic hung down from the ceiling in the far corner of the closet. I remembered hiding up there as a kid. Andie and I had written some of our first "Loyalty Papers" in our attic. Everything in this house seemed to call out to me—to remind me that I was leaving against my will.

At the top of the ladder, I pushed the wooden door open and poked my head through. The attic was cold, dark, and quiet—like a cave in the snow. Looking around, I shivered. Not much had changed, except there were a few more boxes stacked in neat piles against the wall. Probably Uncle Jack's stuff.

The attic floor creaked as I made my way to the pile of flattened boxes. A lopsided lamp, minus the light bulb, leaned against the wall, and a large gray trunk stood nearby. Kneeling on the dusty floor, I folded the cardboard along the indentations and made up three large boxes to take to my room.

As I finished the third box, I glanced up and noticed the initials SMJ just above the latch on the old trunk.

"SMJ . . . Susan Marie Johnson," I whispered. "Mom's initials before she married Daddy."

Almost reverently, I touched it. Mom had used the trunk to haul her clothes and books to college. It was special. Even doubled as a coffee table in the early years of Mom and Daddy's marriage before they had money for nice furniture. Before I was born. One of our scrapbooks showed them drinking tea on the floor, with a lighted candle perched on the trunk.

More than five years had come and gone since Mom and I sat here packing away things that reminded her of Daddy. When he left us, Mom nearly grieved herself sick. Even the slightest memory brought a veil of tears. So, along with scrapbooks and their wedding album, we'd packed up old love letters. Most of them were from Daddy while Mom was completing college.

I blew away some dust and slowly, gently, opened the lid.

The awful smell of mothballs brought back memories of the day we had packed this trunk, when I was eight. Back then, I was too young to care much about love letters. But now, in the depths of my sadness, I wondered if they might hold the answer to The Question—that thing I could not bring myself to face. So deeply buried was The Question, that even though I felt close to my father last Christmas—and had been with him in the quiet of his study, the two of us, alone—I could not force my lips to shape the words.

Deep and dark, The Question stirred within me. *Find the answers,* it urged. But layers of pain concealed The Question. The pain of divorce, the lonely years without Daddy. Mom having to work full time while juggling office and family. The pain of an empty porch swing on cool summer evenings. Baking snickerdoodles without him.

The old days, and Daddy—gone forever. And now I was facing another change. One almost as painful as my parents' divorce.

Reaching into the dim chasm of the trunk, I found three shoe boxes labeled according to month and year. Mom had allowed me to read a few of the letters kept inside. I opened the one on top and read it for old times' sake. Smiling, I folded it and slipped it into the envelope. My father certainly had a way with words. He could sweet-talk Mom into almost anything.

I put the letter back in the shoe box and spotted something new—a cluster of cards and envelopes secured with a rubber band in the far right corner of the trunk. Where had they come from?

I hesitated, almost afraid to delve into possible secrets of the past. Taking a deep breath, I lifted the stack out of the trunk, purposely holding it away from my eyes, struggling with the temptation to snoop. Snooping was one of Mom's pet peeves. Mine too. I thought about Carrie and Stephie sneaking around, snooping in my journal, driving me crazy.

But, as always, my curiosity won out. I removed the rubber band and held the first letter up to the light. It was addressed to Susan Meredith; the handwriting was unmistakable. The letter was from my Grandma Meredith.

I sifted through several more envelopes to verify my suspicions. Sitting down on a torn hassock, I discovered that Mom had been corresponding with Grandma Meredith, Daddy's mother, after he moved out. But why? According to the postmarks, there were several years' worth of letters and cards here.

The Question raised its ugly head. And I trembled as I began to read the first letter.

13

Dearest Susan,

We received your letter yesterday, and our hearts are deeply saddened by the news of your recent separation. How we pray something will stop this needless tragedy.

These many years, we have felt his work has been far too important. Insisting on you and the girls moving to the West Coast, especially when he knows how much you dislike big-city life, seems nothing short of insensible.

How are Holly and Carrie, our little darlings, handling the situation? We want to help you out in any way we can. Please let us know if you need anything. Tell our granddaughters how much we love them.

Take care of yourself. We love you, Susan.

— Mom and Dad Meredith

My heart pounded fiercely as I held the letter. The

contents of Grandma Meredith's letter to Mom shook me up. It actually sounded like Mom had refused to move to California when Daddy wanted to be where the action was for his work. Somehow I was sure she would have followed a more submissive route if she'd been a Christian back then.

My thoughts wandered back to Uncle Jack and *his* career move. Wait a minute . . . Was this the reason for Mom's very supportive position?

Just then I heard footsteps. Someone was coming up the ladder. I hurried to hide evidence of my snooping. Fumbling to refold Grandma's letter, I slid it back under the rubber band without the envelope.

The footsteps were coming closer. I heard Stephie's voice. Was Mom with her?

Trembling, I threw the small bundle of letters into the trunk and slammed the lid. The envelope flew onto the floor.

Bam! I covered it with my foot.

"Whatcha doin' up here?" Stephie asked.

I peeked around her. "Where's Mom?"

"Sorting junk in the kitchen—some stuff we never use." Stephie pushed her chin-length hair behind her ears, then picked up a medium-sized box. "Can I have this?" she asked.

"Sure." My mind was still on Grandma's letter. Furtively, I wiped a tear away.

"What's wrong?" Stephie asked, putting her hand on my shoulder.

I forced a smile. "I'll be fine."

"But you're crying." She squatted down on the dusty floor beside me.

I ignored her comment, grabbing at a box. As I did, my foot slipped, revealing the envelope.

Stephie picked it up. "What's this?"

"Nothing much," I said. Just what I didn't need right now.

Stephie opened the envelope. "Looks like something's missing." She eyed me suspiciously.

"Really?" I said, playing dumb.

Stephie stood up, her eyes dancing. "Are you snooping, Holly?"

I couldn't tell her, I just couldn't. She would tell Mom and . . .

"I did that once, after Mommy died," Stephie began. "Daddy let me help him pack some of Mommy's cards. She used to stick little notes on the mirror every morning. You know, love notes." She giggled.

"How sweet," I said.

"When we moved from Pennsylvania, Daddy put all of Mommy's stuff in special boxes. Even some of her clothes. And when he wasn't looking, I snooped." She turned around. "There they are." She pointed to the boxes stacked against the wall.

I was shocked. Aunt Marla's things were packed away in our attic. "Does Mom know about them?"

Stephie nodded; her bright eyes sparkled for an

instant, then suddenly turned sad. "I think so. But I wish Daddy would unpack some of it." Without warning, she burst into tears. "Because I can't remember my mommy's face anymore."

I wrapped her in my arms and hugged her tight. "It's okay, Stephie. It's okay," I said, trying to soothe her. "You'll remember."

"I don't ever want to forget her," she cried. "I miss her so much. Why did she have to leave us? Why did she have to die?"

In the recesses of my being, a dam broke, spilling out the pain, releasing The Question. I began to sob along with the little girl in my arms. And with the little girl inside of me—that girl who, for five long years, could never bring herself to ask.

Into the dimly lit attic, I let The Question pour out of me. "Why did you have to leave us, Daddy?" I cried into the stillness. "Why?"

14

My pain mingled with Stephie's, like the tears on our faces. And now that I had voiced The Question, I was determined to find The Answer—even if I had to snoop in Grandma's letters to find it.

Slowly, Stephie calmed down. She stopped crying and took some big breaths. I hugged her to me. "Are you okay?" I asked gently.

She nodded and rubbed her eyes. "Thanks, Holly." She looked up at me, her eyes still wet with tears. "I always wanted a big sister. It was no fun being the only girl in the house."

"Well, I love having another little sister," I said, suddenly realizing just how true it was. I *did* love Stephie. Like I loved my own birth sister.

Gently pushing me away, she got up to go. "You won't tell Daddy I was crying, will you, Holly?"

"I promise." I helped her down the ladder with her box.

At the bottom of the ladder she whispered up to me, "Don't worry, Holly. I won't tell your mom, either. About the letters—or anything."

"Thanks," I said.

For several seconds I stood silently, absorbing everything. Sure, I had lost my dad. But Stephie and her brothers had lost their mother—to death. And think of Uncle Jack—he had lost his wife. . . .

But I wasn't ready to feel too sorry for him. Not yet.

Snapping back into action, I hurried back to the trunk. And to the empty envelope on the floor. My heart pounded as I reached for the lid on the gray trunk. I pulled, but it wouldn't budge. I tried again. Stuck!

Then I looked at the latch with Mom's old initials engraved on it. Unknowingly, I had slammed the lid when Stephie came looking for boxes. And now it was locked.

There was nothing left to do but stuff the evidence in my pocket. I figured if Mom was in the kitchen packing, it would be a cinch to find the trunk key in her bedroom. I thought about places she might hide a key like that and came up with several options. Mom had an odds-and-ends drawer in her vanity. Could be there. And the jewelry case on her dresser was another possibility.

Ready for the challenge, I descended the attic ladder. I peeked around the corner into Mom's bedroom.

All clear!

Hurrying to the door, I peered down the hallway. No one in sight. Perfect. Soon I'd have the key in my hand, and no one would ever know about my snooping.

First, I checked the junk drawer in Mom's vanity. Everything imaginable was scattered in there. Old thimbles, a paper clip, two pocket-sized Kleenex packs, and even some ancient postage stamps. But no trunk key.

Next, I searched her jewelry case. It was filled with dinner rings, bracelets, earrings, and necklaces. But no key.

Now what?

I dashed to my room to think. A backup plan— that's what I needed. As I contemplated the situation, the phone rang.

Mom called to me, "Holly, are you up there? It's for you."

I answered the phone in the hall. "Hello?"

"Holly, we have to talk." It was Jared. He sounded miserable.

"I don't know what to say to you," I replied quickly.

"Got your limerick," he continued. "You're angry at me."

"You got that right."

Jared didn't say anything to that. It was weird trying not to breathe too loudly into the phone. But I was really nervous. And, yep, still mad.

Finally he broke the silence. "Maybe we oughta talk face-to-face."

"I . . . well, maybe it's not such a good idea."

He pressed on. "How about after Sunday school tomorrow?"

"We'll see," I said. "You know we're definitely moving."

"Yeah, Stan told me." There was another long silence.

"Well, I've got to help my mom with the packing," I said. "Talk to you later."

We said good-bye, and I hung up.

Settling down on my window seat, I thought about Jared and what it would be like trying to hang out with him again. After all the things he'd said yesterday, and how he'd flirted with Amy-Liz, like it was no big deal. Why did he want to hang on to me like this? Moving to Denver with a cute boy to write to had its advantages—for me. But I couldn't see how it would benefit Jared. It didn't make sense.

I left the window seat to locate my journal. It was definitely time to record my true feelings about Jared. About Daddy, too.

Saturday afternoon, March 26—Even though I can think of all sorts of reasons NOT to give Jared the time of day, I think I know the true and only reason why I don't want to have anything to do with him. It's because Sean Hamilton is coming from California with Daddy and Tyler next Saturday. Why on earth would I want to be tied down to Jared the Jerk when Prince a la Wonderful is coming to town?

I glanced up from my journal. "That's it," I surprised myself by saying. "*That's* the reason. I really want to see Sean again." No way would Jared want me to spend the day skiing with another guy if he and I were going together again. Not in a zillion years.

I continued writing in my journal. *I think I found some answers to my questions about why Daddy left. It must have something to do with moving to California. According to Grandma's letter, it sounds like Mom purposely stayed here in Dressel Hills with Carrie and me. I know they were separated for a while before Daddy made it legal. I still don't know what happened to make him file for divorce, though.*

Grandma Meredith's letters hold the answers somehow, I just know it. But now I've got to find the trunk key. Before we move. Who knows when I'll have a chance to snoop around again once we get to Denver.

I closed my journal and tucked it into its hiding place. Then I turned my attention to the mess in my closet. If I didn't hurry and get some of this stuff sorted, Mom might wonder what I'd been up to all afternoon.

Going through the closet shelves, I found piles of school papers, scrapbooks, old shoe boxes filled with embroidery floss from fifth grade when I was a cross-stitch junkie, and a bunch of other stuff.

By suppertime, I was finished. And even though Mom made her fabulous meatloaf, I only moved it around on my plate. Uncle Jack's excitement bugged me, took my appetite away. Stubbornly, I tuned out his moving talk, refusing to make eye contact with him all the way through dessert.

♥   ♥   ♥

In the middle of the night, I felt icky. After a drink of water, I went back to bed. But by morning I felt even worse. Mom let me stay home from church, and it was a good thing, because I slept nearly all morning.

When I finally woke up, my first thought was of Jared. He'd probably think I was playing sick to avoid him. I hadn't planned it this way, but it did buy me some additional time.

I showered and dressed in a flannel shirt and clean jeans. I snickered to myself as I headed for Mom's bedroom and the walk-in closet. Perfect timing. Now . . . how to open that trunk?

Climbing up the ladder, I slid the wooden door open in the ceiling. The place was dark and dusty as before, but with a sense of purpose this time, I snapped on the light and made my way to the gray trunk.

Fooling with the latch, I made a surprising discovery. It was unlocked now. Someone had come up here yesterday after I left. I was sure of it.

Carefully, I lifted the lid. My eyes scanned the shoe boxes lined in a row. Scrapbooks—featuring Mom and Daddy, before Carrie and I were born— were piled up neatly, just as I'd seen them yesterday. But Grandma's letters were gone. I moved several scrapbooks, thinking they might have slipped down farther into the trunk. But, no, the letters were missing. Someone had removed Grandma's letters from the trunk.

Soon the sound of car doors slamming and the voices of my family returning home from church floated up to the attic. Puzzled at the strange turn of events, I closed the lid, turned off the light, and climbed down the ladder.

I couldn't believe it. Had Stephie tattled to Mom?

15

As soon as supper was over, I cornered Stephie.

"Come to my room," I whispered.

"What for?"

"You'll see," I said, taking her hand.

When we got to my room, I closed the door. "Did you tell anyone about yesterday, you know, when you caught me reading letters in the attic?"

Her chestnut hair flew back and forth as she shook her head.

"Are you positive?"

"I kept my promise," she said. "Carrie doesn't even know."

"Good girl," I said, more puzzled than ever.

"Can I go now?" she asked.

I nodded. What was happening here? I wondered about it as I headed down the stairs to the kitchen.

Carrie stopped me in the dining room. "Some guy at church gave me this." She waved an envelope in my face.

"Yeah," Phil said. "Lover-boy Jared misses you."

"Spare me," I groaned, snatching up the envelope.

"Holly, I could use some help," Mom called from the kitchen. "You too, Phil."

Phil complained. "It's not my turn."

Without looking up from the sink, Mom said, "Better check the duties chart."

Phil didn't bother to check, but I did. As always, Mom was right. Grumbling as usual, Phil carried dirty dishes into the kitchen from the dining room. When the last dish was on the counter and ready for scraping, he disappeared. Mom and I were alone at last.

I wimped out on the divorce question and asked permission to stay in Dressel Hills with Andie instead. "It wouldn't be for very long, really," I pleaded. "Only about two and a half months."

Not surprisingly, Mom countered my request. "Mrs. Martinez has her hands full with three-year-old twins. She doesn't need an extra person around."

I could see this was going nowhere fast. "You don't want me to stay and finish the school year, is that it?"

Mom wrung out her dishcloth. "It's much more than that, Holly-Heart," she said, turning to look at me. "I simply don't want to split up our family. We need each other—now more than ever."

Mom really loved her kids, all six of us. And she was giving me the only response I could have expected from a mom with a hang-up for nurturing.

But it made me mad that she couldn't make an exception just this once.

She pulled her hair back into a ponytail for a second, then let it fall. "Could we consider this case closed, please?" She wasn't kidding. I could tell by the look in her eyes.

"Oh, Mom, I just wish—"

"Holly, please," she interrupted. "I'm sorry, but it's out of the question. We're leaving here *together.*"

Silently, I loaded the dishwasher. None of this was fair. I could hardly wait to leave the kitchen and hide out in my room. Besides, Jared's letter was burning a hole in my jeans pocket.

Closing the dishwasher, I started the wash cycle. Then, without a word to Mom, I hurried off to my room.

Jared's letter turned out to be much more civil than the one at school. He said he was sorry I was sick and hoped I would be at school tomorrow *"so we can talk at lunch."*

But more than anything, I could read between the lines. He wanted me tied up with him the last weeks of my life in Dressel Hills. Why? It was easy to second-guess him. Sean Hamilton was the one and only reason.

♥   ♥   ♥

Early Monday morning, Mom knocked on my bedroom door. "Holly? Are you awake?"

I rubbed my eyes and tried to focus them. "Uh-huh," I grunted.

She came in and sat on the edge of my bed, holding up some jeans I'd thrown in the laundry. I looked closer. They were my jeans from Saturday. In the confusion of my first waking moments, I hadn't the faintest idea why she was here.

Then she pulled something out of those jeans. Wiping the sleep out of my eyes, I stared. It was the envelope to Grandma Meredith's letter. Was I in for it now!

"So . . . what do you know about this?" Mom asked.

There was no way I could talk my way out. So I confessed, told the truth right up front. "I was reading Grandma's letter to you."

"You were snooping in my things?" she asked. I was worried by the way her eyes squinted shut. It spelled trouble, with a capital T.

"I guess you could say that." This sure sounded worse than it had seemed on Saturday.

"Are you saying you didn't even attempt to control yourself?" Mom's eyes were squintier than I'd seen them in years.

I nodded.

"How many letters did you read?" It was a pointed question. She was worried, it seemed. Very worried.

"Just that one, I mean, just the one that was in there." I wasn't handling this very well. Mom was mad and had a right to be. But I wanted answers and deserved to have them. I took a deep breath and sat up.

Startled by my abrupt movement, Mom leaned back a bit.

"I've been dying to have this talk with you," I began. "It's time. I mean, I think I'm old enough to know certain things."

Mom's jaw was set, but slowly her eyes became less squinty. "To know what?"

I took a deep breath. "About what happened between you and Daddy."

Mom stared down at the envelope, tracing the edges with her finger. This discussion wasn't going to be easy for her, that was obvious.

Hesitantly, I voiced The Question. "Why did Daddy leave us?"

Sadness reigned as Mom spoke. "That's difficult to answer. It involves far more than you can imagine."

Visions of hideous things flashed across my mind. Had there been another woman? Was Dad unfaithful?

"In many ways, it was my fault as well as your father's," she began. "He had a wonderful career opportunity in California. I was stubborn—didn't want to leave our quiet town or our beautiful home. On top of that, I have always disliked big-city life. But your father was insistent upon moving. So I agreed that he should go to the West Coast by himself, hoping that after a few months there he'd change his mind and come home."

She sighed. "But it didn't work out that way. Instead, he found the business market stimulating and couldn't pry himself from it. Not even enough to come home when I had trouble with my pregnancy."

I gasped. "You were expecting another baby?"

Mom nodded slowly. "I wanted that child desperately, but I miscarried." She paused to wipe her eyes. "In the end, I blamed your father for what happened. It was a very tense time for us."

"Daddy didn't want the baby?" I asked timidly.

"He viewed the pregnancy as a power thing—a way for me to keep him in Dressel Hills."

It was hard to comprehend—Daddy treating Mom so poorly.

"I don't want you to worry about how your dad feels about you or Carrie. You had nothing to do with the divorce," Mom said.

Her words echoed in my brain. No wonder she didn't want me to find out about this in a letter. I was surprised that she'd told me at all.

Mom pulled me close. "Things could've been so different if I'd known the Lord back then. We could've been spared so much."

I looked up, fighting back the tears. "I pray for Daddy's salvation every day."

"I'm glad you do, honey."

That's when I told her about last Christmas Eve at Daddy's. "He read the Christmas story from the Bible to all of us. I was so excited." I went on to tell her about the man in his office who'd given Daddy a Bible. How he'd begun to read it—starting with Matthew's Gospel.

A smile swept across Mom's face. Suddenly she looked years younger. "That's wonderful news," she said. "If he's reading the Bible and talking to his Christian friend at work, perhaps our prayers will be answered."

Mom hugged me hard and tiptoed out of the room, my dirty jeans in one hand and the empty envelope in the other. What had started out as an impossible conversation had ended up being the most incredible heart-to-heart talk ever.

♥   ♥   ♥

All day at school, I mulled the conversation with Mom over in my mind. Even when Jared wanted to talk about "us" during lunch, my mind was on Daddy and what had pulled them apart.

"I don't know how we can patch things up between us with you in never-never land," Jared said, leaning to look me square in the face.

"Oh, sorry."

"You okay?" he asked gently.

"Let's put it this way: I've had better days."

"Yeah, me too," he said, probably referring to the standoff between us.

"If we could just be good friends and not so exclusive, how would you feel about that?" There. I'd put it to him straight.

Jared shook his head. "I don't know why I bother talking to you, Holly. You're impossible." And with that, he picked up his tray and left the table.

If that wasn't enough to ruin the afternoon, going home and seeing a For Sale sign stuck in our front yard sure as shootin' was!

16

It snowed in the mountains Friday afternoon, the day before Sean was to arrive. A light, powdery kind of snow. Perfect for skiing tomorrow. I glanced up at the snowcapped mountains as I sat on my window seat, writing the final paragraphs of my story "Good-Bye Whispers." I decided not to have the hero and the heroine end up together. Anyway, it doesn't always happen that way in real life. Look at Jared and me. And . . . Daddy and Mom.

After I finished writing my short story, I pulled out my journal to record my thoughts.

Friday, April 1—Now that I know Mom's side of the story about the divorce, it's hard to think about hanging out with Daddy all day tomorrow. Thank goodness Sean and Tyler will be there. No way do I want my dad to suspect that I know what happened. Besides, it's in the past. Daddy is remarried to Saundra and might be moving closer to making a decision for Christ. At least, I hope so.

Looking up from my journal, I stared out the window. The mountains seemed closer than usual. I could almost reach out and touch them. Would I be able to see these same mountains in Denver? I doubted it.

Tomorrow I'd be skiing on my beloved mountains with Sean. I couldn't help feeling nervous. The thought of seeing him again almost made me forget about the move. I could still kick myself for not meeting him on the beach last Christmas. But that was before I learned some hard lessons about boys. Now I felt more confident. Maybe even enough for a solid friendship with a sixteen-year-old guy. Like Sean.

I closed my journal and prayed. This had been a tough week for me—the mess with Jared, finding out about the reasons behind the divorce, trying to adjust to the thought of moving, and now getting ready for a visit from Daddy and Sean. I needed help sorting things out.

Just as I ended my prayer, a knock came at my door. Quickly, I shoved my journal under a pillow. "Mom, is that you?" I hurried to see who was there.

"Hey, Holly."

It was my uncle Jack. I stood facing him. Alone. For the first time since all this moving stuff started. I shifted my weight from one foot to another, completely speechless.

"Got a minute?" he asked.

I opened the door a little wider. "Sure."

He stepped into the room, looking big and awkward and a little out of place.

"Here." I pulled out my desk chair for him, then perched on the edge of my window seat. Waiting.

Uncle Jack turned the chair around and sat on it backward, his arms gripping the back. Looking uncomfortable, he began. "I know you've been angry with me about the Denver move, Holly."

I picked at an imaginary snag on one of the throw pillows. There was no point in talking. His decision had been made. So what did he want?

"I've been talking to your mother," he continued. "She says you asked to stay with Andie. We both agree that it would be a big burden on the Martinez family. However, we did talk to the Miller family about having you stay there till the end of the school year."

I looked up. "Are you kidding?" This was fabulous. At last, some good news!

He nodded. "Paula and Kayla are thrilled at the idea."

But he didn't smile. In fact, he didn't seem happy about it at all.

"How would you like that?" he asked gently.

I was close to shouting *yes* when something stopped me. His look. His eyes. Uncle Jack just wasn't Uncle Jack today. Where was the merry twinkle in his eyes? Where were the jokes and the laughter? Where was the man who Mom had fallen in love with—the crazy, silly, good man who'd survived the loss of his wife and who'd help put our family back together again?

Looking at his face, I realized something. I had created all kinds of problems for him and Mom, throwing one tantrum after another, until finally I'd broken them down . . . gotten my own way. But was I happy—truly happy—now? Would I really want to stay with Paula, when I knew it would break up my family and hurt Mom and Uncle Jack? What was more important to me anyway—Dressel Hills and my friends . . . or my own dear family?

"Well, Holly?" Uncle Jack prodded.

Then I remembered what Mom had said about hers and Daddy's divorce. *I was stubborn,* she'd said. *I didn't want to leave our quiet town or our beautiful home.*

I took a huge breath. *Oh boy. Was I like Mom, or what?*

Then I remembered Stephie. *"I always wanted a big sister,"* she'd said. But what kind of big sister? A spoiled rotten, selfish one? Or a sister who loved her and stuck with her no matter what?

"Holly, would you like to stay with the Millers?" Uncle Jack asked again.

With all the courage I could muster, I slowly shook my head. "Thanks, Uncle Jack," I said, "but no. I think I'll go ahead and make the move with the family."

At my words, the biggest grin I'd ever seen crossed Uncle Jack's face. "Are you sure?"

I nodded. Then I swallowed hard and went on. "I'm sorry about the bratty way I carried on. You really are a cool stepdad, in case you didn't know it." By now my eyes swam with tears.

They spilled over when Uncle Jack reached for both my hands. "You're quite a lady, Holly-Heart. Thank you for being so special." He paused. "I know this whole idea of moving has been difficult for you. Believe me, I'm going to do my best to make things easier for you."

I smiled back at him as the tears fell down my cheeks. I cried openly, not caring how I looked. My hands were resting in Uncle Jack's big, strong ones, and for the first time in weeks, I felt wonderfully at peace.

17

The next morning at eight-thirty on the dot, Mom drove Carrie and me to the ski lodge at the base of Copper Mountain.

"Do you still have to meet Sean?" I asked Mom as she parked the van.

"Have to? I want to." She smiled knowingly.

"Come on, Carrie," I said. "Let's get this over with."

We headed for the ski racks, where we locked up our new skis till later. Then we climbed the wooden stairs to the lodge. My heart did a crazy tap dance when I saw Sean waiting just inside the lobby, with Tyler by his side. Sean's blue-and-green ski jacket reminded me of the Pacific Ocean, where we'd swum and built our sandman.

"Hey, Carrie," Tyler shouted, running to us. He pulled Carrie aside to show off his new skis and poles.

I introduced Mom to Sean. And he made it easy

for me, shaking her hand and smiling. I'd forgotten how low his voice was. "So very nice to meet you, Mrs. Patterson," he said. He'd remembered Mom's new name. Perfect. Things like that always impressed adults.

"I've heard some nice things about you," Mom said. I hoped she wouldn't launch off on something personal—like his baby-sitting skills or something else.

Sean glanced at me, grinning. "Holly's quite a letter writer," he said.

No way could I keep my face from blushing.

Tyler and Carrie dragged his equipment across the lobby. "Can you believe it?" Carrie told Mom, showing off her skis. "Tyler's got the exact same brand and color as mine."

"Well, isn't that nice," Mom said, running out of things to say, it seemed.

"Where's Daddy?" Carrie asked.

Sean pointed to the inside stairs. "He had a phone call to make. He'll be down soon."

Mom would surely take that as her cue to get going. I didn't think she'd want to have a face-to-face meeting with Daddy. Especially not in front of us kids.

Mom hugged Carrie and me. "Please be careful on the slopes, Carrie." Then she turned to me. "Take your time, and no stunts, okay?"

I assured her that we'd be safe. With a wave and a final good-bye, Mom left the lodge.

Sean and I sat together on a brown leather sofa in an alcove away from the doors. Several times my ski boots bumped his by accident. He turned to face me. His skin was as tan as I remembered. "Your mom reminds me of *my* mother," he said.

"She does?" I hoped I wasn't blushing again.

"You should hear her carry on every time I ask for the car keys." It was hard to believe his mom was still babying him. "I would love to take my niece and nephew skiing here in Colorado," he said. It was obvious they were one of his favorite topics.

Ten minutes zipped by, maybe because Sean was so easy to talk to. Soon Daddy came downstairs.

"Hello, girls," he called to us. I stood up to greet him. But his hug stirred up strange feelings of resentment in me. It was still hard to handle—him leaving us behind just for a new job. I covered up by smiling and enjoying the scent of his spicy cologne as he held me tight.

"Let's hit the slopes," hollered Tyler.

"Yippee," Carrie shouted.

Sean held the door for us, and his smile warmed my heart. It was going to be a fabulous day after all.

While Daddy bought lift tickets, we unlocked our skis from the rack and snapped them on. Soon we were in the lift line, eager to ski down the mountain. Tyler and Carrie, Daddy and me, and Sean—alone—behind us.

At the last minute, the lift operator motioned for

a girl to share the lift with Sean. That's when I wished I'd let Daddy ride by himself.

Up, up the cable pulled us toward the cloudless sky. The sun sent its rays, warming our faces, and just below us on the slopes, three guys were skiing in cut-offs, without their shirts.

"It's not *that* warm today," I commented. "Even for spring ski season."

Daddy seemed preoccupied with his own thoughts. A soft breeze tickled my face as I glanced at him.

"Your grandmother wrote to say that you're moving," he said. It was like he'd been waiting for just the right moment to bring it up.

Oh great. Not that.

"Yeah. Next weekend," I said, feeling my throat constrict. It was awkward discussing this. The exact same situation that had set him and Mom up five years ago for the fight of their lives.

"How do you feel about living in Denver?" He was probing, and I hated it.

"Nobody wants to leave best friends behind," I said, blowing air through my lips. "Especially not me. This place is my life."

"How is your best friend taking it?" Daddy asked.

"Andie hates the idea, too, but she's not my only best friend," I explained. "Paula Miller is also a close friend. The three of us do everything together."

"How's school?" Daddy asked.

"Fine." I told him about the blizzard and being stranded overnight last week. "Up here, the weather changes so fast."

I could see the lift landing coming up fast. Thank goodness it was time to get off. I was tired of making small talk with Daddy. What I really wanted to say to him would have to be said in private. Someday.

Tyler and Carrie waited for us. Then, when Sean joined us, we split into two groups. Daddy went with Carrie and Tyler, leaving Sean alone with me. Perfect.

The morning flew by as we skied down the blue runs together. My time with Sean actually seemed to evaporate as the day progressed.

Soon it was lunchtime, and Daddy treated us to a cozy dinner in the lodge—in the most expensive section—complete with candles on each table. He could afford it, all right. Like Mom said, his business out west had gone well. *Too* well, maybe.

♥   ♥   ♥

Sean seemed reluctant to say good-bye at the end of the day. "I hope we can ski together again sometime," he said with a warm smile.

"That'd be fun." I wished Carrie and Tyler weren't hanging around so much. "Let me know when you're flying out again."

He reached for a tiny blue address book from his inside pocket. "Mind if I get your phone number?" I told him, and he wrote it down quickly. "You'll have to send me your new address when you get settled in Denver."

I felt giddy, just the way I had when we'd first talked on the beach. I excused myself to call Mom to pick us up.

Sean was eager to talk again when I returned from the phone. "I want to be sure to keep you informed about your dad," he said, a serious look crossing his face.

"What do you mean?" I asked, suddenly concerned.

"I know you've been praying for him—Tyler told me you were a Christian."

"Then you must be, too," I said, excited at this tidbit of information.

He burst into a near-angelic grin. "I can hardly wait for your dad to accept Jesus."

"Do you know about Daddy's friend? The one at the office who gave him the Gospel of Matthew?" I was dying to know more about that.

"You bet I do. He's my oldest brother, the father of my niece and nephew," Sean said, eyes shining.

"Wow," I whispered. "Small world."

"Sure is," he agreed. "I only wish Colorado were a little closer to California."

I knew I was blushing right through my sunburn about now.

And that's when Carrie waved me over. Mom had pulled the van up and was waiting outside for us, the engine running. Carrie and I said our good-byes to Daddy, Tyler, and Sean.

"We'll be in touch," Daddy called after us as we headed out the door of the lodge.

"Bye, Daddy," Carrie said. "Come back to Colorado soon."

As we hauled our boots and skis to the van, I hoped with all my heart Sean was right about Daddy. Was he really *that* close to making the all-important decision?

18

I knew something was brewing as soon as I showed up for Sunday school the next day. The second I walked in, the kids clammed up. Even Jared and Billy, who were usually boisterous—till the teacher told them to cool it—were silent.

Things were winding down fast, with only six days remaining in Dressel Hills. Six days to say good-bye to lifelong friends. Besides all that, today was my last day at church. No wonder everyone was so solemn.

Jared was actually nice to me. Danny too. But then, Danny was always nice, and what Andie and Paula suspected was true. I was sure of it. Danny Myers still liked me. I could tell by the way he kept smiling at me.

Things had changed so much in one year. Going from zero guy friends to three—counting Sean—was like having to choose three favorite ice-cream flavors at once.

After class, everyone except Andie and Paula headed upstairs, leaving us behind. "That's strange," I said. "They sure didn't hang around long."

"Oh, they'll probably say good-bye to you at school next week," offered Paula, no doubt trying to make me feel better. But it wasn't working. I felt sad.

We hurried upstairs to the sanctuary, where the organist was already playing the call to worship. I sat with Andie and Paula, since it was my last Sunday. At least for a while. Mom didn't know it, but I was already hoping to return to Dressel Hills—someday soon.

The pastor's text was from Philippians 2:4. "Each of you should look not only to your own interests, but also to the interests of others." His sermon was titled "Poor Me"—about feeling sorry for yourself, conducting pity parties. I listened carefully, but wished he'd chosen Matthew 18:19 instead. Deep in my heart, I was still praying, along with Andie and Paula, that something would happen to change things around.

After church, Andie and Paula hurried off to catch up with their families. I walked toward the parking lot with Carrie and Stephie on either side of me. I already missed my friends. The friends I'd planned to grow up with.

♥ ♥ ♥

Mom's famous pot roast was extra juicy today. I ate heartily, instead of picking like I usually do when I'm depressed. There were scarcely any leftovers. Too bad for Uncle Jack. He loved them.

We had just cleared the dining room table when the doorbell rang. Carrie squealed, "I'll get it," and raced off to the living room

I stayed in the kitchen, rinsing scraps of food off the dishes. Next thing I knew, Carrie was tapping me on the shoulder.

"I think you'd better come with me," she said, wearing a sly grin.

I dried my hands, wondering what she was up to.

That's when I discovered a living room full of friends, including Jared, Andie, Paula, Danny . . . even our youth pastor.

"Surprise!" they yelled as I stood there, overcome with shock.

I turned to Danny, who happened to be standing nearby. "What's this about?"

He leaned over to whisper in my ear. "It's a surprise going-away party for you."

"Oh," I said, stunned. Then the tears started. "Excuse me a sec." I stumbled through the dining room and into the kitchen. "Quick, Mom! I need a tissue."

She led me to the desk in the corner of the kitchen. "Here, honey." She pulled several tissues out of the Kleenex box.

I blubbered, "I love my friends, all of them—even Jared." I surprised myself by that. But it was true. In spite of everything, I still cared.

I wiped my eyes carefully, so I wouldn't smear the mascara I'd put on for church. After blowing my nose for the second time, I followed Mom into the living room, where everyone started clapping.

Andie stepped forward. "Holly," she began. "In case you don't know by now, we love you. A lot." I could see Jared nodding his head out of the corner of my eye.

"Pretty soon," she continued, "our moms will be arriving with some more surprise stuff."

I couldn't believe it.

"Sit right here," Paula said, making room for me on the rocking chair. "While we wait for the goodies, we each have a gift for you." She was starting to sound a little choked up, too. "We want to help you remember us forever."

Mom patted my shoulder, trying to comfort me. I took a deep breath and began opening cards and presents from all my friends.

By the time Andie's mom showed up with the other mothers, I already had a pile of gifts. Flirtatious poetry from Jared. And a red rose. (Why was I not surprised?) A set of best-friend Velcro twin bears— give one to a friend and keep the other. From Andie.

Paula's gift was an adorable pink stuffed kitten with the name *Goofey-ette* written on the tag. Danny gave me a teen study Bible, complete with pen and notebook. It was signed with the date and his name on the first page.

Billy Hill's gift was a silver charm for my bracelet—a tiny crutch—to help me remember the trick we'd played on Andie last year. Joy had wrapped a beautiful heart-shaped diary in music paper with hearts for notes. Shauna gave me a book about pen pals with a list of international Christian organizations.

Pastor Rob had a special gift from the pastoral staff. It was a gift certificate for a free lift ticket. "We want you to come ski with us," he said, grinning.

I looked around the room at my fabulous friends, some sitting on the floor, others standing around. "I promise not to cry if you promise to come visit me in Denver."

Andie waved her hands. "We'll come, all right. Two at a time," she said, looking at Paula.

I glanced up at Mom. She was wiping tears from her own eyes. That's when a giggle escaped my lips. Not because anything was funny; it was a burst of pent-up emotion. "Thank you so much," I said.

The kids applauded.

Mom rang her Precious Moments dinner bell, and all of us squeezed into the dining room. After a prayer by Pastor Rob, some of the kids spilled into the kitchen to make room. Pig-out time! Mrs. Martinez had brought several gallons of strawberry ice cream.

And there were two angel food cakes—my favorite.

Over the din of the crowd, Jared made an announcement directed to me. "After this, we've planned another surprise."

I studied him. "There's more?"

He nodded, working his way through the group toward me. Then, pulling me aside, actually all the way into the living room, he began apologizing. "Holly, I'm sorry about everything. You were right. It doesn't really matter about the girl-boy thing anymore," he said. "I just want you to know, before you leave, that I'll always miss you."

I smiled. "I'll miss you, too, Jared."

He winked at me. "Friends?"

"Forever," I said, taking his hand and leading him back to the festivities.

After multiple desserts, Jared and Andie led me and the rest of our friends out the front door and down the street. All of us made a human friendship chain with our hands. People driving by gawked, but we didn't care.

At the bus stop, we waited together, including Stan, who had just arrived home from the library. Andie looked mighty glad to see him again.

My big surprise turned out to be a city bus tour of Dressel Hills. A clever way to say good-bye to my beloved town. Jared shared me, letting Danny sit beside me from the Explore Bookstore back to Downhill Court. Incredible.

When we arrived at my house again, it was hard to say good-bye to everyone. One by one, the kids went home, until Andie and Jared were the only ones left.

I walked with them to the driveway, where I threw my arms around Andie. She hugged me like never before, clinging to me and sobbing in my ear.

"Maybe it won't work out in Denver," she cried. "Maybe you and your family will be back in a few weeks."

Poor Jared stood there sort of embarrassed while Andie and I gushed our friendship and loyalty to each other.

And then they were both gone.

Thank goodness I had five more days of school before the final good-byes. Otherwise, I probably would have gone upstairs and fainted on the spot.

♥   ♥   ♥

By Tuesday night, I had packed nearly all my personal belongings except the clothes I planned to wear. The big stuff, like beds and other furnishings, was scheduled to go out the door on Friday morning. The movers could do their thing without us kids around. Thank goodness for small blessings.

Paula Miller's dad, Uncle Jack's business partner,

had invited us to spend our last night in their home. They, of course, would remain in Dressel Hills, and Mr. Miller would run the downtown office for Uncle Jack.

I tried to share my feelings during family devotions after supper, but tonight I could hardly speak. *We're moving. We're actually moving. We have to leave Dressel Hills,* were the thoughts going through my mind. The hideous chant tumbled over and over in my brain. How could Carrie and Mom and the rest of the family be so calm about this? So glib? I couldn't bear to think of our remaining three days here.

Some way, somehow, God would have to work a miracle. Either that or give me the grace to bear this. I was afraid it would be the latter.

Paula had told me at school that she'd invited Andie to spend Friday night with us. It would be our final farewell.

♥   ♥   ♥

Wednesday after school, Andie came home with me. Homework was the excuse, but actually it was a way to spend extra time together before the worst day of all—moving day.

We hopped off the bus and walked the half block to my house. Andie jabbered about plans to visit me in Denver during spring break. "It'll be so cool," she said. I knew she was trying to make me feel better. "Let's go to Casa Bonita and pig out on Mexican food" was one of her ideas.

"And don't forget the Imax theatre," I said, referring to the giant screen near the Natural History Museum.

We walked on in silence. There seemed to be nothing left to say.

Turning the corner, we headed up Downhill Court. There was my beloved home: the tan split-level house Daddy and Mom had designed and built. I would miss the beautiful view of the mountains from its windows. And the deck where we'd spent so many warm summer evenings. And my beloved window seat . . .

As I stared at the house, it looked lonely, empty . . . like something was missing.

"Something's different," I said, pausing in the driveway.

Andie stood still. "What is it?"

Surveying the front yard, my eyes spotted something weird. I walked across the grass, over the melting snow piles, and peered at a hole in the ground. My heart sped up as I turned to Andie. "Someone's ripped off the For Sale sign. Come on!"

We dashed up the steps and into the house. "Mom!" I shouted. "What's happened to—"

Just then Uncle Jack emerged from the garage,

carrying the sign. "Someone looking for this?" A mischievous smile danced across his face.

"What's going on?" I said, and Andie started screaming and hugging me at the same time.

Uncle Jack explained, "The partner we had in mind for the Denver office changed his mind. He's going to take the job."

"So we're staying here?" I asked.

"For the time being," he said.

I danced around the room, shouting for joy. Mom came downstairs, grinning. "Looks like someone's very happy," she said. "Thank goodness the house didn't sell out from under our nose."

Andie took my hand and pulled me upstairs. She closed my bedroom door and made me sit on my window seat. "This is so cool," she gushed. "It's *fabulous!*"

"I can't believe it," I said. My mind was racing to catch up.

Snatching my Bible off the nightstand, she giggled. "Read it and weep," she said, opening to Matthew 18:19. "Man, did this work, or what."

"Thank you, Lord," I said, my hands clasped heavenward. "You were almost too late."

"Hey, you oughta know better than that," Andie scolded. Then a smile burst across her face. "Goodbye, Denver," she shouted.

I laughed. "Hello, world!"

♥ ♥ ♥

Don't miss HOLLY'S HEART #8,
Straight-A Teacher
Available November 2002!

Holly has a crush on the new student drama teacher; are the feelings mutual? Is that why she got the lead in the school musical? With so many changes taking place for her, she doesn't know what to believe anymore. But with some great advice from a good friend, Holly remembers that when God closes a door, He opens a window.

About the Author

Beverly Lewis knows how hard it is to say good-bye—to places like Lancaster, Pennsylvania, where she grew up, and Arkansas City, Kansas, where she lived for three years. Saying good-bye to Springfield, Missouri, and college friends wasn't easy, either.

"Michael W. Smith's song 'Friends' always makes me cry," says Beverly. "Leaving old friends is hard, but I meet members of God's family everywhere I go. And we become friends—because of Jesus."

Beverly is making new friends every day. If you want to write, her Web site is

www.BeverlyLewis.com

Also by Beverly Lewis

PICTURE BOOKS

Cows in the House   Annika's Secret Wish
Just Like Mama

THE CUL-DE-SAC KIDS
Children's Fiction

The Double Dabble Surprise   Tarantula Toes
The Chicken Pox Panic   Green Gravy
The Crazy Christmas Angel Mystery   Backyard Bandit Mystery
No Grown-ups Allowed   Tree House Trouble
Frog Power   The Creepy Sleep-Over
The Mystery of Case D. Luc   The Great TV Turn-Off
The Stinky Sneakers Mystery   Piggy Party
Pickle Pizza   The Granny Game
Mailbox Mania   Mystery Mutt
The Mudhole Mystery   Big Bad Beans
Fiddlesticks   The Upside-Down Day
The Crabby Cat Caper   The Midnight Mystery

ABRAM'S DAUGHTERS
Adult Fiction

The Covenant

THE HERITAGE OF LANCASTER COUNTY
Adult Fiction

The Shunning   The Confession
The Reckoning

OTHER ADULT FICTION

The Postcard
The Crossroad
October Song
The Redemption of Sarah Cain
Sanctuary*
The Sunroom

www.BeverlyLewis.com

*with David Lewis